VW-PORSCHE
914 & 914/6

Impressum

Heel Verlag GmbH
Gut Pottscheidt
53639 Königswinter
Tel.: 02223 9230-0
Fax: 02223 923026

Deutsche Ausgabe:
© 2001 by Heel Verlag GmbH

Englische Originalausgabe:
© 1997 by Veloce Publishing Plc
33 Trinity Street
Dorchester DT1 1TT
England
Englischer Originaltitel:
Porsche 914 & 914/6

Deutsche Übersetzung:
Dorko M. Rybiczka

Lektorat:
Joachim Hack, Bad Honnef

Satz:
ARTCOM, Königswinter,
Tanja Küppershaus

Druck:
Koelblin-Fortuna-Druck, Baden-Baden

Printed and bound in Germany

ISBN 3-89365-918-8

BRIAN LONG

VW-PORSCHE
914 & 914/6

HEEL

DANKSAGUNG

Mein Dank geht, wie stets, an Klaus Parr vom Porsche-Archiv und sein Team, besonders seinen Assistenten Jens Torner. Der Großteil des Bildmaterials in diesem Buch stammt vom Werk und besteht, wie in meinem bei Veloce erschienenen Buch zum 356, aus zeitgenössischen Aufnahmen.

Ich danke ebenfalls: Valentina Kalk von ItalDesign (Giugiaro), Dan Hopper von Porsche North America, VW Japan und den Markenspezialisten Flat-Four, Mizwa Motors Corporation (Porsche-Händler in Japan), W. Red-dig vom AutoMuseum Volkswagen, Paul Buckett und seinen Kollegen bei VW Großbritannien sowie Klaus Bohrer vom Club Porsche Espana.

Ich möchte auch meiner Tante Emmy Whittle für ihre Hilfe bei den Übersetzungen aus dem Deutschen danken, und bei dieser Gelegenheit auch ihrem Ehemann Derek, der mich nicht nur alles lehrte, was ich über Autos weiß, sondern auch unendliche Geduld für mich aufbrachte, als ich noch jünger war!

Brian Long

INHALT

VORWORT

Der 1969 vorgestellte 914 sah sich mit vielen Problemen konfrontiert und wurde bis zu seinem Produktionsende 1976 vielfach verändert. Er wurde im Laufe seiner kurzen Existenz zwar besser und besser, doch seine Zeit lief ab. Bis zur Vorstellung des Boxster blieb der 914 interessanterweise Porsches einziges Serienmodell mit Mittelmotor, obwohl die Rennwagen des Hauses lange Jahre diesem Antriebsprinzip folgten.

Auch der 914 war im Rennsport erfolgreich, obwohl das im Lichte der überragenden Sportergebnisse der 911-Reihe gerne übersehen wird. An allgemeingültigen Maßstäben gemessen, waren die Erfolge des kleineren Modells aber doch bemerkenswert. Auf dem 914 bauten ferner manche Sondermodelle auf. Beide Aspekte finden in diesem Buch Würdigung.

Oft wird der 914 als der vergessene Porsche bezeichnet, aber er verfügt über eine wachsende Fangemeinde, die sich ausschließlich mit ihm befaßt. Das liegt natürlich vor allem an der hervorragenden Straßenlage. Vielen gefällt aber auch das Styling, und lange Zeit war er der günstigste Porsche in Anschaffung und Unterhalt.

Heute ist das anders und der 914 wird zu wesentlich höheren Preisen gehandelt, was eine Würdigung seiner besonderen Qualitäten darstellt. Besonders der 914/6 ist begehrt, und ich hoffe, daß dieses Buch dazu beiträgt, die Vorzüge der 914-Modelle ins rechte Licht zu rücken.

Brian Long

1

PORSCHE: ABRISS DER GESCHICHTE

Professor Ferdinand Porsche hatte im Laufe seines Lebens für Lohner, Austro-Daimler, Daimler (bald darauf zu Daimler-Benz fusioniert) und Steyr gearbeitet und besaß in Deutschland einen unvergleichlichen Ruf als Automobilkonstrukteur. Nach seinem Weggang von Steyr hielt er die Zeit für gekommen, seine eigene Firma zu gründen. Im April 1931 richtete er in Stuttgart ein Konstruktionsbüro ein und holte eine kleine Schar handverlesener Ingenieure an Bord, darunter seinen Sohn Ferry. Der am 19. September 1909 geborene Ferry hatte viel von dem technischen Talent seines Vaters geerbt, und obwohl er eigentlich eine Karriere als Rennfahrer anstrebte, setzte sein Vater diesen Bestrebungen bald ein Ende. Zum Glück, kann man sagen, denn ohne Ferry wären die Firma Porsche und ihre Autos heute nicht, was sie sind.

Das erste Auto, das Porsches Namen trug – der Lohner-Porsche. Dieses Exemplar errang einige Rekorde und zeigt sich hier mit dem Engländer E.W. Hart am Steuer.

Hitler unterstützte die deutsche Wirtschaft kräftig und finanzierte den Rennwagenbau bei Mercedes-Benz und der Auto Union, um der Welt die Überlegenheit deutscher Technik zu demonstrieren. Der sehr erfolgreiche Auto Union V16-Rennwagen war natürlich eine Porsche-Konstruktion, doch Grundlage für die nachmalige Porsche-Erfolgsstory war das Volkswagen-Projekt, das ebenfalls vom Reich finanziert wurde – damals ein Segen, später ein Problem.

Als die Planung des Volkswagens sich dem Ende näherte, brach der Zweite Weltkrieg aus. Für die Dauer des Krieges zogen Porsche und sein Team ins österreichische Gmünd um, wo sie sich um vielerlei Entwürfe kümmerten, auch um verschiedene Kampfpanzer. Wegen seiner Kontakte zur Nazi-Führung wurde Professor Porsche nach dem Krieg von den Alliierten verhaftet und verhört, aber bald wieder frei gelassen.

Danach ging Porsche zu Renault, wo er erneut, zusammen mit seinem Schwiegersohn Anton Piëch, von den Franzosen wegen angeblicher Kriegsverbrechen verhaftet und ins Gefängnis geworfen wurde – die Kaution betrug eine Million Francs. Auch Ferry Porsche war kurzzeitig in Arrest, doch seiner Schwester Louise gelang es, ihn frei zu bekommen. Porsches Büro in Stuttgart wurde von der US Army requiriert und Ferry, der sich mit der Reparatur von VW-Kübelwagen über Wasser hielt, konnte die Kaution für seinen Vater natürlich nicht aufbringen. Doch durch eine überaus glückliche Fügung traten Carlo Abarth (der berühmte Tuner) und der italienische Industrielle Piero Dusio, die unter anderem planten, einen Grand Prix-Wagen zu bauen, an Porsche heran.

Ein frühes 356 Coupé, erkennbar an den karosserienahen Stoßstangen und der geteilten Frontscheibe. Der 356 wurde rasch zur festen Größe in der Rallye-Szene. Das Werk setzte stets nur die Alu-Coupés ein (wie dieses Exemplar im Jahre 1953), da sie leichter waren als die später in Stuttgart entstandenen Autos.

Der Cisitalia, wie der Wagen dann hieß, war eng mit den Auto Union-Rennwagen der Vorkriegszeit verwandt und technisch sehr raffiniert. Leider eskalierten die Kosten in einem Maße, dass das Projekt selbst für einen reichen Mann wie Dusio zu teuer wurde. Allerdings konnte Ferry Porsche jetzt seinen Vater aus dem französischen Gefängnis holen. Im August 1947 durfte der Professor nach Österreich zurückkehren, sollte aber nur vier Jahre darauf sterben. Nach der Inhaftierung war seine Gesundheit angeschlagen, aber wenigs-

tens war es ihm noch vergönnt zu erleben, wie sein Sohn einen neuen Wagen entwickelte.

Die Arbeiten hatten noch in Gmünd begonnen, nachdem Ferry Porsche beschlossen hatte, unter Verwendung von VW-Teilen einen Sportwagen zu entwickeln. Die erste Entwurfszeichnung für den Entwurf Typ 356 war bereits am 17. Juli 1947 fertig gestellt, kaum vier Wochen nach Beginn des Projektes. Das erste Fahrgestell war im März 1948 fertig und erhielt zwei Monate später eine offene Karosserie. Der Rohrrahmen der Nummer

Eins war sehr solide, aber für eine kostengünstige Serienfertigung ungeeignet, da viel zu arbeitsintensiv. Beim Motor handelte es sich um ein getuntes VW-Aggregat von 1131 ccm Hubraum, das im Interesse einer guten Gewichtsverteilung umgedreht eingebaut war, was den Wagen andererseits zum reinen Zweisitzer degradierte. Die Auslegung führte auch zu weiteren Problemen, so dass die Maschine ab dem nächsten Prototyp wieder in Normallage zu ruhen kam und der Wagen ein konventionelles Chassis aus Pressblechen erhielt.

Der Porsche 550 Mittelmotor-Spyder mit Karl Kling und Hans Herrmann bei der Carrera Panamericana 1953 – ein gefährliches Rennen, das zukünftig seinen Namen für viele berühmte Porsche-Modelle hergeben sollte.

Nummer Eins wurde am Rande des Grand Prix von Europa in Bern der Presse vorgestellt. Bei diesem Anlass trafen Porsche und Rupprecht von Senger zusammen, der an dem Projekt sehr großen Anteil nahm. Von Senger und sein Partner bestellten vier Autos und waren auch dabei behilflich, VW-Teile von Wolfsburg nach Gmünd zu verfrachten.

Das zweite Auto, ein Coupé, war im August 1948 fertig. Dank der flüssig gestalteten Karosserieform und der Abwesenheit von Kühlluftöffnungen an der Front erwies sich die Aerodynamik als vorzüglich und ließ den Porsche Tempi erreichen, die für den kleinen Hubraum sehr beachtlich waren. Im Sommer 1948 wurde angekündigt, dass die offizielle Vorstellung der Serienversion auf dem Genfer Salon des Jahres 1949 erfolgen werde. Der Hubraum wurde auf 1086 ccm verkleinert, damit der 356 bei Rennen auf internationaler Ebene in der 1100er-Klasse startberechtigt war. Im September 1948 schloss Porsche eine Übereinkunft mit Volkswagen, welche die Versorgung mit Teilen sicher stellte und Vertrieb und Service über VW-Händler regelte.

Die Gmünd-Autos wurden komplett in Handarbeit hergestellt und ihre Alukarosserien von Hand in Form gebracht, da einfach nicht genügend Geld für Maschinen zur Verfügung stand. Ferry Porsche zufolge wurden zwischen Juni 1948 und März 1951 46 Autos in Gmünd gebaut. Andere Quellen nennen andere Zahlen, meistens ist von 50 oder 51 Exemplaren die Rede.

Die Serienproduktion begann Anfang 1950, nachdem die Firma wieder nach Stuttgart gezogen war. Porsches alte Räume wurden noch immer von den Amerikanern belegt, daher produzierte man zunächst nebenan bei den Karosseriewerken Reutter. Reutter hatte im November 1949 ohnehin den Auftrag für die 356-Stahlkarosserien erhalten und räumte für Porsche eine Ecke des Firmengeländes.

Der erste 356 mit Stahlkarosserie entstand im April 1950. Es waren nur einige Kleinigkeiten, die die neuen Autos von den Gmünder Alu-Wagen unterschieden. Sanfte Modellpflege anstelle radikaler Neuerungen sollte in der Tat ein Porsche-Markenzeichen werden. Auch die Rennwagen waren damals noch eng mit den Serienmodellen verwandt.

Auf dem Pariser Salon 1950 verhandelte ein gesundheitlich stark angeschlagener Ferdinand Porsche mit Max Hoffman und anderen, um dem 356 den Weg nach Amerika zu ebnen. Ende des Jahres erkrankte er schwer und starb, in hohem Ansehen stehend, im Januar 1951.

Im Dezember 1950 hatte man nahe den Reutter-Werken ein kleines Büro für Entwicklung und Firmenleitung erworben, dem eine winzige Werkstatt für Rennwagen angegliedert war, gerade groß genug für zwei Autos und vier Mechaniker. Die Firma hatte damals 108 Angestellte und plante, etwa 10 Wagen pro Monat zu bauen, ein Ziel, das deutlich übertroffen wurde. Knapp 300 Porsche wurden in jenem Jahr produziert. Der fünfhundertste Porsche aus deutscher Produktion verließ das Werk im März 1951, der tausendste 356 nur fünf Monate später.

Ab März 1951 waren 1,3-Liter-Motoren lieferbar, ab Oktober auch ein 1,5-Liter-Aggregat. Der 1100er blieb bis Ende 1954 im Programm, spielte aber eine immer geringere Rolle im Verkauf, besonders in den USA, schon damals ein wichtiger Markt für Por-

sche. Der 1,5-Liter-Motor leistete in der Grundversion zivile 55 PS, der 1500 Super mit rollengelagerter Kurbelwelle stellte 70 PS zur Verfügung. Weitere Änderungen, die 1952 vorgenommen wurden, betrafen die Windschutzscheibe, welche nun einteilig, aber bis 1955 immer noch V-förmig, ausgeführt war; die Stoßstangen wurden wuchtiger und etwas von der Karosserie abgesetzt.

Eigentlich hatten die Amerikaner Porsches Räume im September 1950 verlassen wollen, doch wegen des ausgebrochenen Korea-Krieges blieben sie. Da keine Aussicht bestand, das alte Grundstück zurück zu bekommen, errichtete Porsche 1952 ein weiteres Werk neben den Reutter-Anlagen. Im November 1952 verließen die ersten 356 das neue Werk II.

Ab September 1953 gab es auch vom 1300er eine Ausführung mit rollengelagerter Kurbelwelle, den 1300 Super. Dieser 60 PS starken, auf dem Pariser Salon vorgestellten Variante war allerdings nur ein kurzes Leben beschieden – bis Ende 1955 wurden alle Motoren mit Rollenlagern und Stößelstangen aus dem Programm genommen.

Im Laufe des Jahres 1952 hatte Dr. Ernst Fuhrmann mit dem Entwurf des starken Carrera-Motors begonnen. Um die Außenmaße des Aggregates gering zu halten, verwendete Fuhrmann für den Antrieb der je zwei obenliegenden Nockenwellen je Zylinderbank ein hoch kompliziertes Königswellen-System, das aus nicht weniger als neun Wellen und sechzehn Zahnradsätzen bestand. Die Eleganz dieses Entwurfes führte dazu, dass der Motor kaum mehr Platz forderte als die Standardmaschine. Der erste Motor lief im April 1953, war von Beginn an ein voller Erfolg und wurde ab August im Porsche 550 auf dem Nürburgring getestet.

Einer der ersten Porsche Speedster (links) und ein 356A Coupé. Den 356A gab es ab der IAA 1955; vom Vorgänger unterschied ihn u.a. die geänderte Frontscheibe.

Der 356B zeigte sich mit leicht geänderten Vorderkotflügeln und höher montierten Stoßstangen, um in allen US-Bundesstaaten den Normen zu entsprechen. Das auf der IAA 1959 präsentierte Karmann-Hardtop verkaufte sich schlechter als erhofft. Es sah aber auch, verglichen mit dem schnittigen Ur-Entwurf von Erwin Komenda, etwas gewöhnungsbedürftig aus.

Der 550 basierte auf der Nummer Eins und debütierte im Mai 1953 beim Eifelrennen auf dem Nürburgring. Damals von einem 1500 Super-Motor befeuert, gelang dem 550 im Premierenrennen gleich ein Klassensieg vor mehreren Borgward. Der Grundstein für eine Rennsportlegende war gelegt. Anfang 1954 wurden die ersten Kundenfahrzeuge bei Karosseriebau Wendler in Reutlingen fertig gestellt, die getunte 1500 Super-Maschinen mit etwa 100 PS besaßen. Offiziell hieß der Wagen 550/1500 RS, doch Max Hoffman prägte den Namen Spyder, der allgemeine Verwendung fand. Hervorragende Ergebnisse in Le Mans, bei der Carrera Panamericana, der Mille Miglia (wo 1954 der 550 Spyder mit Carrera-Motor debütierte), der Tour de France Automobile, der Tourist Trophy und bei zahlreichen Rennen in Europa und Amerika sicherten dem Spyder seinen Platz in der Rennsporthistorie.

Eine Carrera-Maschine besaß auch das Gmünd-Coupé, welches das Werk im August 1954 bei der Rallye Lüttich-Rom-Lüttich einsetzte. Ferry Porsche war der Ansicht, dass ein Motor,

Nach kurzer Unterbrechung gab es wieder einen Carrera für die Straße, den Carrera 2. Es wurde zum 356B-Facelift im September 1961 vorgestellt, ging aber erst im folgenden April in Serie.

der diese mörderische Tour überlebte, problemlos in einem Serienwagen verbaut werden könnte. Herbert Linge und Helmut Polensky gewannen die Rallye!

1954 war die Zahl der Mitarbeiter auf 493 gestiegen, doch nur 1934 Autos verließen das Werk, 44 weniger als im Vorjahr. Am 15. März 1954 wurde der fünftausendste in Deutschland produzierte Porsche fertig gestellt (zwei Jahre später der zehntausendste) und der Exportanteil lag bei 60 Prozent.

John von Neumann, Porsches US-Importeur für die Westküste, war der Vater des Speedster. Der 2995 Dollar teure Speedster war genau das, was Neumann brauchte, um den Verkäufen in den Staaten einen Schub zu geben. Das abgemagerte Cabriolet (billiges Notverdeck, kleine Sportwindschutzscheibe, Steckscheiben anstelle der Kurbelfenster) wurde im September 1954 in den USA vorgestellt. Insgesamt baute Porsche 4854 Speedster (als 356 und 356A), der sich zum Liebling der Sportszene mauserte.

Auf der Earls Court Motor Show im Jahre 1951 hatte Connaught Cars Ltd. zwei 356 Coupés und ein Cabriolet gezeigt, die ersten deutschen Autos, die nach dem Krieg in England zu sehen waren. 1954 übernahm AFN Ltd. (die Mutterfirma von Frazer-Nash) den Import. Die Preise in England lagen zwischen 1842 und 2378 Pfund – ziemlich teuer, wenn man bedenkt, dass ein Jaguar XK120 damals um die 1600 Pfund kostete und die Auswahl an noch billigeren britischen Sportwagen gewaltig war.

Auf der IAA 1955 präsentierte Porsche den 356A. Die Karosserie zeigte

sich leicht retuschiert und Änderungen am Fahrwerk verbesserten die Kurvenlage. Der 356 heimste nach wie vor Erfolge im Rallyesport ein, insbesondere bei der Rallye Lüttich-Rom-Lüttich. Die Rundstreckenrennen bestritt fast ausschließlich der Spyder, obwohl der 356 sich Klassensiege bei der Mille Miglia und der Targa Florio holte.

Ein größerer Motor mit 1582 ccm bereicherte ab 1955 das Angebot in zwei Versionen: als 1600 und 1600 Super mit 60 bzw. 75 PS. Die 1300 und 1300 Super hatte man Anfang 1955 in Amerika vom Markt genommen; in der übrigen Welt blieben sie bis Ende 1957 unverändert lieferbar. Den 356A gab es erstmals als 1500GS Carrera, wie die anderen Varianten als Coupé, Cabriolet oder Speedster.

Am 1. Oktober 1955 erhielt Porsche schließlich sein Grundstück von

den Amerikanern zurück. Firmenleitung, Test- und Rennabteilung zogen in dieses Werk I um, ebenso die Werkstatt. Gegen Ende 1955 gingen drei Viertel der Produktion in den Export, überwiegend nach Amerika. Porsche beschäftigte jetzt 600 Menschen.

Mit steigender Produktion sank die Zahl der in die Serie einfließenden Änderungen. Ab März 1957 ersetzten tränenförmige Rückleuchten die vorherigen runden Einheiten. Weit reichende Änderungen gab es mit der T-2 genannten Karosserie, die auf der IAA 1957 präsentiert wurde. Ab nun gab es den Carrera in zwei Versionen: als luxuriösen GS mit anderen Vergasern und verbesserter Heizung und als GT. Der GT stand nur als Coupé oder Speedster im Programm und war ausschließlich für den Rennsport gedacht.

Porsches Erfolg auf der Rennstrecke war erstaunlich, waren die Rennwagen den Serienmobilen doch so eng verwandt. Hier sehen wir Graham Hill im Porsche 718 W-RS Spyder. Die Stärke des Porsche-Teams illustriert die Tatsache, dass auch ein Graham Hill von Edgar Barth, Heini Walter, Herbert Linge und Jo Bonnier geschlagen wurde. Auch Teammanager Fritz Huschke von Hanstein gelangen damals einige sehr gute Resultate.

Ab August 1958 ersetzte das Cabriolet D den Speedster (das D stand für den Karosseriehersteller, die Firma Drauz in Heilbronn). Mit besserem Verdeck, vernünftiger Windschutzscheibe, gepolsterten Sitzen und Kurbelfenstern entsprach das Cabriolet D sehr viel mehr Ferry Porsches Idealen.

Auf der IAA 1959 zeigte Porsche den 356B, gekennzeichnet durch höher angeordnete Scheinwerfer, veränderte Kotflügel sowie höher positionierte, stärkere Stoßstangen. Im Grundmodell versah der 60 PS starke, unverändert aus dem 356A übernommene 1,6-Liter seinen Dienst; der alte 1600 Super hörte jetzt auf die Bezeichnung Super 75, um ihn vom neuen Super 90 zu unterscheiden. Die 90-PS-Variante war ab März 1960 lieferbar und ersetzte den Carrera – vorläufig.

Der 356B war anfangs in drei Karosserievarianten lieferbar: das Cabriolet D hieß jetzt Roadster, daneben gab es natürlich Coupé und Cabriolet. Im August 1960 kam das von Karmann gebaute Hardtop Coupé dazu, dem aber kein großer Erfolg beschieden war. In Zuffenhausen ging Ende 1959 Werk III ans Netz, um die stetig wachsende Nachfrage zu befriedigen. 1960 lag der Umsatz bei 90 Millionen DM.

Um sich der stärker werdenden Konkurrenz durch Alfa Romeo und Lotus erwehren zu können, nutzte Porsche das FIA-Reglement bis zum Limit und brachte einen neuen Carrera, der die 1600er-Klasse dominierte. 25 Chassis waren für den Abarth-Carrera geplant, doch letztlich erhielten nur 20 davon die extrem leichte Zagato-Karosserie. Vier oder fünf Autos kamen als Werksautos

zum Einsatz und erreichten Klassensiege in Le Mans, bei der Targa Florio, in Sebring und auf dem Nürburgring.

Die IAA 1961 sah das Debüt der T-6 genannten, überarbeiteten Karosserie. Wichtigste Neuerungen waren vergrößerte Windschutz- und Heckscheibe beim Coupé, neue Motorhaube mit zwei Grilleinsätzen für alle Modelle und eine größere Fronthaube mit geänderter vorderer Abschlusskante, was das Gepäckvolumen erhöhte. Mit der Einführung der T-6-Karosserie kehrte auch der Carrera ins Modellprogramm zurück. Der Carrera 2 verfügte über einen Zweilitermotor und wurde ab April 1962 ausgeliefert; er besaß als erster Porsche Scheibenbremsen und erreichte dank 130 PS gut 200 km/h. Der fünfzigtausendste in Deutschland gebaute Porsche lief im April 1962 vom

Band, doch bald darauf wurden das Karmann Hardtop-Coupé und der Roadster wegen mangelnder Nachfrage eingestellt.

Zu den Rennwagen: im April 1956 war der 550A mit Wendler-Karosserie vorgestellt worden. Anstelle des Leiterrahmens im alten Spyder verfügte er über einen leichteren, zugleich aber steiferen Gitterrohrrahmen und eine Schwingachse hinten. Der 550A ließ Porsche zum ersten Mal den Sieg bei der Targa Florio kosten und errang viele Klassensiege.

Der Prototyp des 718 entstand im Winter 1956/57. Er fußte auf dem Typ 645 (einem Einzelstück) und wog dank Gitterrohrrahmen und gegenüber dem 550 Spyder um 10 cm verringerter Höhe deutlich weniger. Verbessertes Fahrwerk, stärkere Bremsen und 142 PS machten ihn zum Siegerauto. Aus dem 718 RS wurde dann der 718 RSK mit erneut geändertem Fahrwerk (die Modifikationen wurden später wieder rückgängig gemacht, doch der Name RSK blieb).

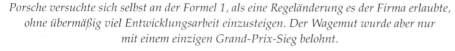

Porsche versuchte sich selbst an der Formel 1, als eine Regeländerung es der Firma erlaubte, ohne übermäßig viel Entwicklungsarbeit einzusteigen. Der Wagemut wurde aber nur mit einem einzigen Grand-Prix-Sieg belohnt.

Der im Juli 1963 präsentierte 356C sollte die Zeit bis zur Marktreife des 911 überbrücken. Seine Karosserie entsprach weitgehend dem 356B (lieferbar als Coupé oder Cabriolet, letzteres auch mit abnehmbarem Stahl-Hardtop), die Änderungen, die das Auto zivilisierter machten, betrafen hauptsächlich die Technik. Es gab neue Motoren mit 75 und 95 PS, eine geänderte Hinterach-

Der 356C erschien 1963 und brachte allen Modellen Scheibenbremsen. Das Modell blieb nur kurz (als Coupé und Cabrio) in Produktion, da der Nachfolger schon fast fertig war. Das Bild stammt vom Genfer Salon 1964.

se und serienmäßige Scheibenbremsen. Die Grundauslegung des luftgekühlten Vierzylinder-Boxers blieb über siebzehn Jahre hin unangetastet; auch die Karosserie blieb grundsätzlich unverändert, wurde jedoch immer wieder behutsam modifiziert. Die Erfahrung-

en aus dem Rennsport flossen in die Serie ein.

An sich sollte ein weißes Cabriolet, gebaut im September 1965, der letzte 356 sein, und offiziell war es das auch. Doch die holländische Polizei bestellte noch 1966 zehn Exemplare, die im März

hergestellt wurden. Die Gesamtzahl der 356 belief sich auf 76.313 Exemplare.

Trotz der hohen Nachfrage nach dem 356 war klar, dass er nicht ewig leben würde, und Ende der fünfziger Jahre begann Porsche die Arbeiten am Nachfolger. Ferry Porsche wünschte

Ferry Porsche (links) und sein ältester Sohn Ferdinand Alexander, besser bekannt als Butzi Porsche.

sich den Nachfolger etwas größer und als echten 2+2. Das Projekt Typ 695 begann 1959, wurde aber später zugunsten des Typ 901, eines Coupé-Entwurfes von Butzi Porsche, verworfen.

Butzi (eigentlich Ferdinand Alexander) wurde 1935 als ältester Sohn Ferry Porsches geboren. 1957 trat er in Porsches Styling-Abteilung ein, deren Leitung er vier Jahre darauf übernahm – das war keine Vetternwirtschaft, wo es nur darum ging, einem Verwandten einen Top-Job zuzuschanzen, denn Butzi mauserte sich zum international anerkannten Designer. Erwin Komenda, ein Porsche-Veteran, kümmerte sich um die produktionstechnische Seite des Entwurfes.

Da auch der Vierzylinder-Boxer erkennbar ausgereift war, stellte sich die Frage nach einem neuen Triebwerk. Der Vierzylinder war zwar als Carrera kräftig genug, aber teuer herzustellen. 1961 begann die Arbeit an der neuen

Maschine. Im Laufe der Entwicklung des 901 beschloss man, den Achtzylinder-Boxer aus dem Formel 1-Wagen

um zwei Zylinder zu verkürzen. Der Sechszylinder mit nur je einer obenliegenden Nockenwelle leistete 130 PS und hörte ebenfalls auf die Bezeichnung Typ 901. Hans Tomala entwickelte die Maschine, die im Frühjahr 1962 in die Testphase eintrat.

Der Porsche 901 übernahm manche Details vom Vorgänger, war aber ein komplett neues Auto. Die Auslegung mit luftgekühltem Boxermotor im Heck, dem berühmten Porsche-Getriebe und Einzelradaufhängung vorne und hinten wurde beibehalten, doch war das neue Auto deutlich größer. Der 901 debütierte auf der IAA 1963, ging jedoch erst im folgenden Jahr in Produktion. Sein Name wurde in 911 geändert, nachdem sich Peugeot über die Verwendung der Null in der Mitte beschwert hatte.

Ende 1962 gab Ferry Porsche grünes Licht für die Entwicklung eines Mittelmotor-Sportwagens, den Typ 904. Die leichte Fiberglas-Karosserie (ein Butzi-Porsche-Entwurf) war zur Erhöhung der Steifigkeit mit dem Chassis verklebt. Auf das Fiberglas war man verfallen, weil es sich rasch

Links der Typ 901 (der als 911 in Serie ging), im Hintergrund der Mittelmotor-Rennwagen 904. Ferry Porsche sitzt auf dem Frontkotflügel dieses fantastischen, wie der 901/911 von Butzi Porsche gestylten Autos. Anlass des Photos war der Besuch amerikanischer Händler im Jahre 1963.

Herbert Linge und Peter Falk nach ihrem Klassensieg und fünften Gesamtrang bei der Rallye Monte Carlo 1965. Der 911 trat in die Fußstapfen seines Vorgängers und erwies sich ebenfalls als hervorragendes Gefährt für Piste und Straße. Ein 904 belegte den zweiten Platz.

Der 911 Targa mit Zweiliter-Sechszylinder, 1965. Der vierzylindrige 912 sah praktisch identisch aus und konnte gleichfalls als Coupé oder Targa bestellt werden.

verarbeiten ließ. Vier bis fünf Karosserien konnten je Tag hergestellt werden, was die Homologation noch für die Saison 1964 erlaubte. Laut Werk wurden 120 Stück gebaut: 104 Exemplare wurden mit dem Carrera-Vierzylinder versehen und verkauft; 16 Stück blieben im Werk, davon zehn mit Sechs- und 6 mit Achtzylindermotor. Seinen ersten Auftritt hatte der 904 im März 1964 in Sebring, wo er noch als Prototyp antreten musste – die Homologation erfolgte erst im April. Bald darauf gewannen Colin Davis/Antonio Pucci auf einem 904 die Targa Florio vor Linge/Balzarkni. 1964 und 1965 dominierte der 904 die Zweiliter-Sportwagenklasse.

Ferry Porsche hatte bereits der Produktion weiterer 100 Exemplare für die Saison 1966 zugestimmt, als Ferdinand Piëch die Forschungs- und Entwicklungsabteilung und damit auch die Rennabteilung übernahm. Piëch, der Sohn von Ferry Porsches Schwester, war 1963 zu Porsche gekommen und hegte hochfliegende Rennsportpläne, die eine Abkehr von der bisherigen Philosophie bedeuteten: die Rennwagen entfernten sich immer mehr von den Serienmodellen. Piëch ließ pure Rennwagen entwickeln, mit dem mächtigen 917 als Höhepunkt.

Im Herbst 1964 war der 911 dann für DM 21.900.- zu kaufen. Im Mai 1965 brachte Porsche den 912 heraus. Karosserie, Fahrwerk und Bremsen stammten vom 911, doch der Vierzylindermotor des 912 stammte aus dem 356 Super 90. Der Großteil der 1965 gebauten 356 ging in die USA, und bis zum Auslaufen des alten Modells wurden 356 und 911 parallel produziert. Im September 1965 präsentiert, aber erst 1966 lieferbar war der Targa, den es als 911 und als 912 gab. Zwischen 1965 und 1969 verkaufte Porsche 50.979 Exemplare vom 911 (zuletzt mit vergrößertem Hubraum). Vom 912 baute man im gleichen Zeitraum 30.332 Stück.

2

Ein Gemeinschaftsprojekt

Wie die Amerikaner mit dem Ford Model T und anderen Autos bewiesen hatten, ließ sich nur durch die Massenfertigung bei billigen Wagen Geld verdienen. Die meisten großen europäischen Hersteller schlugen daher nach dem Ersten Weltkrieg diesen Weg ein, in Deutschland konnte sich einzig Opel

Automobil besitzen solle – eben jenes Auto, das später als Käfer weltberühmt wurde.

Wie zuvor erwähnt, hatte sich Professor Porsche hohes Ansehen und großen Respekt in der Autowelt erworben. An ihn ging Mitte 1934 der Auftrag, den Volkswagen zu konstruieren. Zwei Jah-

Zwei der von Ferdinand Porsche konstruierten VW Käfer-Prototypen. Als die Aufnahme entstand, konnte niemand ahnen, dass der Käfer einmal das meist verkaufte Auto der Welt werden würde.

zu Recht als Massenhersteller bezeichnen. Nach dem Zweiten Weltkrieg übernahm allerdings nicht Opel, sondern Volkswagen die führende Rolle.

Der von Porsche entworfene Volkswagen war das Lieblingskind Hitlers, der die deutsche Wirtschaft ohnehin stark unterstützte und dessen erklärtes Ziel es war, dass jeder Deutsche ein

re später waren die ersten drei Prototypen fertig, 1937 baute Daimler-Benz weitere 30 Exemplare zu Erprobungszwecken und im Jahr darauf wurde der Grundstein für das Volkswagenwerk östlich von Hannover gelegt.

Man muss erwähnen, dass die übrigen deutschen Autohersteller über die Existenz des Volkswagens alles andere

Zwei Käfer bei der Carrera Panamericana 1954. Das Auto im Vordergrund, ein 1200 Export, wurde unter De la Pena zweiundachtzigster, das andere Auto fünfundachtzigster.

als erbaut waren, denn dessen Preis sollte um die Hälfte unter dem seiner Konkurrenten liegen. Gleichwohl genoss der VW die Unterstützung des Regimes und Porsche wurde sogar in die USA geschickt, um dort die Methoden der Massenproduktion zu studieren. 210 Käfer wurden gebaut, dann begann der Zweite Weltkrieg und des Käfers Siegeszug wurde – vorübergehend – aufgehalten.

Nach Kriegsende brachten die britischen Besatzer VW wieder auf Kurs; 1948 arbeitete Wolfsburg wieder unter deutscher Leitung. Heinz Nordhoff, ein früherer Opel- und NSU-Mitarbeiter, wurde Generaldirektor und brachte die Firma in Schwung.

Die VW-Erfolgsgeschichte nahm ihren Lauf.

Zur gleichen Zeit gründete der Sohn des Käfer-Konstrukteurs, Ferry Porsche, viele hundert Kilometer entfernt in Österreich eine Firma, die ebenfalls Weltruhm erlangen sollte, allerdings mit der Herstellung von Sportwagen auf VW-Basis. Im Juli 1949 stellte VW das viersitzige Karmann-Cabriolet vor; zu dieser Zeit kam der Export langsam auf Touren. 1953 arbeiteten in Wolfsburg 20.000 Menschen, die am Tag über 670 Autos bauten; zum Ärger der Konkurrenz wurden die Preise wiederholt gesenkt. Am 5. August 1955 lief der millionste Käfer vom Band, vier Jahre später schon der dreimillionste.

Der Karmann-Ghia

Karmann hatte um die Jahrhundertwende in Osnabrück mit dem Karosseriebau begonnen; die Ursprünge der Firma reichen in die 1870er-Jahre zurück. Viele Jahre lang wuchs das Unternehmen langsam aber stetig, bis Wilhelm Karmann einen Großauftrag für Adler-Cabriolets erhielt. Von da an ging es steil bergauf und Auftrag auf Auftrag kam herein. 1949 begann Karmann mit dem Bau des VW-Cabrios, im Jahr darauf orderte DKW viersitzige Cabriolets. Wilhelm Karmann starb 1952, sein Sohn Dr. Wilhelm Karmann junior folgte ihm als Firmenchef nach.

Die Idee zum Karmann-Ghia stammte aus dem Jahr 1950. Karmann wollte

ein sportliches Cabrio bauen, und da man schon mit VW im Geschäft war, bot sich der Käfer als Ausgangsbasis an. Die Verhandlungen zwischen Karmann junior und Nordhoff zogen sich in die Länge, die Wolfsburger lehnten einen Entwurf nach dem anderen ab. Schließlich bat Karmann Luigi Segre von der Carrozzeria Ghia um einige Entwürfe, die VW gefallen könnten. Karmann wusste nicht, dass Ghia bereits an einem ähnlichen Projekt arbeitete; ein Chassis konnten die Italiener aber nur über den Pariser VW-Importeur erlangen. Ende 1953 trafen sich Karmann und Segre in Paris, um das Ergebnis zu begutachten: kein Tonmodell, sondern einen fahrtüchtigen Coupé-Prototyp. Dieser sah dem D´Elegance sehr ähnlich, einem Chrysler-Showcar aus dem gleichen Jahr, von Virgil Exner gestylt und bei Ghia gebaut. Exner behauptete zukünftig immer wieder, der Karmann-Ghia sei nur ein verkleinerter D´Elegance.

Wie auch immer, Karmann kaufte das Coupé mit VW-Motor und präsentierte es im November 1953 den VW-Leuten in Osnabrück. Nordhoff war beeindruckt und stimmte dem Bau von weiteren fünf Protoypen zu; binnen 18 Monaten war das Auto serienreif.

Der Karmann-Ghia mit unverändertem 1,2-Liter-Motor aus dem Käfer wurde am 14. Juli 1955 der Öffentlichkeit vorgestellt. Der Wagen fand eine loyale Gefolgschaft und bis Jahresende stellte Karmann 1282 Einheiten her.

Alle Modifikationen und Verbesserungen der Limousine kamen auch dem Karmann-Ghia zugute. Das Cabriolet wurde im August 1957 vorgestellt. Ende 1957 waren bereits 15.000 Karmann-Ghia verkauft, davon knapp die Hälfte in den USA. Ende 1962 war die Zahl bereits auf 23.000 Stück ge-

stiegen. Zu diesem Zeitpunkt begann die Produktion des Karmann-Ghia Typ 3. Die Typ-3-Version, nur als Coupé lieferbar, wurde von Volkswagens 1,5-Liter-Motor angetrieben, später vom 1,6-Liter (entsprechend den Käfer-Varianten) und war nach VW-Maßstäben recht kurzlebig: er blieb bis Mitte 1969 in Produktion. Der ursprüngliche Karmann-Ghia wurde immer auf der Höhe der Zeit gehalten und verkaufte sich lange Jahre sehr gut, ohne dass tief greifende Änderungen nötig gewesen wären.

Erste Kontakte zu Porsche

Nach der Übereinkunft des Jahres 1948, welche die Lieferung von Teilen an Porsche regelte und Porsche die Nutzung des VW-Händler- und Werkstattnetzes gestattete, versorgte Nordhoff die Stuttgarter mit vielen Aufträgen. Schon vor

Eines der vielen Projekte, die Porsche für VW entwickelte – die Stilübung Typ 555, ab 1953 in Arbeit.

der Entwicklung des 914 hatte Porsche an etwa 60 VW-Aufträgen gearbeitet, die die Entwicklung von ganzen Fahrzeugen, Motoren, Getrieben und Komponenten wie Heizungsanlagen zum Inhalt hatten. Frühe Projekte, die noch in Gmünd in Angriff genommen wurden, umfassten die Entwicklung eines unterhalb des Käfers angesiedelten Wagens (Typ 402) und sogar eines Elektroautos. 1952 wurde das Typ 534 Coupé für VW entwickelt. Dieses Einliter-Auto wurde Nordhoff im Herbst 1953 präsentiert, ging aber nicht in Serie. Dann wollte VW eine neue Karosserie für den Käfer entwickeln, auch daran war Porsche beteiligt. Da der Käfer aber unverändert beliebt war, wurde das Projekt eingestellt.

Einer der interessantesten Vorschläge von Porsche war der Typ 672 aus dem Jahr 1955, ein Kleinwagen mit Unterflur-Heckmotor. V6-Motoren von 1,2 und 1,5 Litern liefen in der Erprobung, am Ende entschied man sich für einen luftgekühlten Sechszylinder-Boxer (Typ 673). Die 1,5-Liter-Maschine leistete 54 PS und war zweifellos ein Ausblick auf Kommendes. Weitere Motoren wurden erprobt, doch am Ende verlief das ganze Projekt im Sande.

Ein weiterer bemerkenswerter Porsche-Entwurf war der Typ 700, ein Vorläufer des Minivan-Konzeptes. Verschiedene Modelle wurden 1956/57 ausgeführt, doch weiter gedieh der Typ 700 nicht und VW hielt stattdessen am VW-Bus Typ 2 fest.

Im März 1958 ging an Porsche – ebenso an das VW-eigene Designstudio und an Ghia – der Auftrag, ein Mittelklassemodell zu entwickeln. Porsche brachte mehrere Varianten mit Unterflur-Vierzylinder im Heck. Dieser Typ 728 (oder EA 53) führte zum VW Typ 3, der 1961 in Serie ging.

Gleichzeitig arbeitete Porsche an der technischen Vervollkommnung des Käfers mit, etwa am vollsynchronisierten Schaltgetriebe, das mit dem Modelljahr 1961 eingeführt wurde.

Der Erfolg hält an

In den fünfziger Jahren gründete VW zahlreiche Vertriebsgesellschaften in aller Welt (in Österreich übernahm die Familie Porsche den Import) und baute die ersten Produktionsstätten im Ausland. Am 22. August 1960 formierte sich die Volkswagenwerk GmbH mit einem Stammkapital von 600 Millionen DM. Je 20% der Anteile hielten der Bund und das Land Niedersachsen, den Rest private Anleger.

Angesichts erstarkender Konkurrenz war Nordhoff klar, dass er neue Produkte brauchte und sich nicht nur auf den Käfer verlassen durfte. Der neue Typ 3, der VW 1500, kam im Mai 1961 und war als Zweitürer und Kombi lieferbar. Die Konkurrenz kam hauptsächlich von Ford Köln und Opel. Der Taunus 12M, im September 1962 vorgestellt, war ein veritabler Gegner und kostete 5330 DM; die Preise des neuen Opel Kadett begannen bereits bei 5075 DM. Der millionste Kadett wurde 1966 gefeiert; doch VW produzierte locker eine Million Autos pro Jahr.

Die Auto Union war 1958/59 von Daimler-Benz gekauft worden, ging aber 1964 in VW-Besitz über. Die Audi AG entstand. Gegen Ende des Jahrzehnts kaufte VW die kränkelnden NSU-Werke und fusionierte sie im August 1969 mit Audi.

1967 bot Volkswagen ein besonders reichhaltiges Fahrzeugprogramm an, während Porsche im Hintergrund am Käfer-Nachfolger werkelte. Dennoch verdrängte Fiat die Wolfsburger vom Platz 1 der europäischen Autobauer.

Ein Joint-Venture

Angesichts der langjährigen Zusammenarbeit zwischen VW und Porsche war es vielleicht unvermeidlich, dass die beiden Firmen auch einmal ein Joint-Venture eingehen würden. Mitte der sechziger Jahre war es soweit, als beide Firmen vor einem Dilemma standen. Obwohl der Käfer im Februar 1972 das Ford Model T mit über 15 Millionen Exemplaren als meistgebautes Auto der Welt ablöste, hatte die Verkaufskurve in den Jahren zuvor doch deutlich nach unten gezeigt, da die Konkurrenz moderne Kleinwagen im Programm hatte und VW wegen des Mangels an neuen Modellen in der Kritik stand. Die neuen Modelle würden kommen, doch auch der technisch veraltete Karmann-Ghia brauchte einen preiswerten Nachfolger. Auch Porsche brauchte ein neues Modell. Der 911 hatte sich preislich in höhere Regionen als ursprünglich geplant abgesetzt und der günstigere 912 verkaufte sich lange nicht so gut, wie die Händler gehofft hatten, zumal von der

Der Käfer war noch beliebt, doch die Verkaufszahlen sanken. Anfang 1972 überholte der Käfer die Stückzahl des Ford T und wurde zum meist verkauften Auto aller Zeiten.

Konkurrenz günstigere und nicht minder kompetente Sportwagen angeboten wurden.

Nach dem Ende des 356 war der 912 als technisch einfachere und preisgünstigere Alternative zum 911 ins Programm gekommen. Im Mai 1965 präsentiert (neun Monate nach dem Produktionsbeginn des 911, aber noch vor Auslauf des 356), verfügte der 912 über den leicht überarbeiteten Motor des Super 90 (Typ 616/36); im übrigen war der Wagen weitestgehend, bis auf die abgemagerte Ausstattung, mit dem 911 identisch. Bei seiner Einführung kostete der 912

16.250 DM, oder anders gesagt, 74% vom Kaufpreis des 911. Die Änderungen an Karosserie und Fahrwerk kamen 911 und 912 gleichermaßen zugute, doch 1968 war der 912 nur noch 12% billiger als der günstigste Sechszylinder – Porsche konnte den Wagen einfach nicht billiger anbieten. Deutlich weniger Leistung, aber nur geringfügig preiswerter – da verwunderte es nicht, dass die meisten Kunden lieber gleich zum 911 griffen und der 912 sich nur schleppend verkaufte.

Porsche benötigte ein Einstiegsmodell mit hohen Stückzahlen, am besten, aus

Gründen der Standardisierung, auch mit Sechszylindermotor. Doch die Entwicklung eines komplett neuen Autos hätte Unsummen verschlungen, und darüberhinaus hatten die Stuttgarter weder die Finanzdecke noch die Produktionskapazität für ein solches Auto – eine Allianz mit VW war die natürliche Lösung. Ferry Porsche bestätigte, dass die Kooperation vor allem deshalb zustande kam, da „wir merkten, dass wir unser Programm günstiger erweitern mussten und wir es nicht allein tun konnten."

In diesem frühen Stadium der Verhandlungen stimmte Nordhoff zu, dass

Trotz des hohen Preises wurden immer mehr 911 verkauft, nicht zuletzt dank der vielen Erfolge im Motorsport. Hier die Werkswagen, die an der Rallye Monte Carlo teilnahmen. Björn Waldegaard (3.v.l.) gewann die Veranstaltung.

Kasten: Das Interieur des 912 – des Autos, das der 914 ersetzte.

Großes Bild: Der 912 in der Targa-Version. Von außen ließ sich der Vierzylinder kaum vom 911 unterscheiden.

die Stuttgarter, als Gegenleistung für Design und Hilfe bei der Konstruktion, die Karosserie verwenden dürften. Es sollte also eine Version mit VW-Motor als VW und ein stärkeres Modell mit dem Porsche-Wappen und Sechszylindertriebwerk geben. Das wäre Porsche natürlich wesentlich günstiger gekommen als die Verwendung einer eigenen Karosserie, da VW große Stückzahlen ordern würde.

Es wäre eine perfekte Lösung für beide Seiten gewesen, da VW (abgesehen vom Porsche-Know-How auf einem Gebiet, wo sich die Wolfsburger wenig auskannten) einen Nachfolger für den Karmann-Ghia und Porsche das dringend benötigte Einstiegsmodell erhalten hätte, ohne die immensen Entwicklungs- und Werkzeugkosten aufbringen zu müssen.

Kasten oben: 1969 kostete der 912 in den USA 5095 Dollar (als Targa 520 Dollar mehr). Verglichen mit den 5795 Dollar für den günstigs-ten 911, war die Differenz zu gering, als dass sich allzu viele Kunden für das kleinere Modell entschieden hätten.

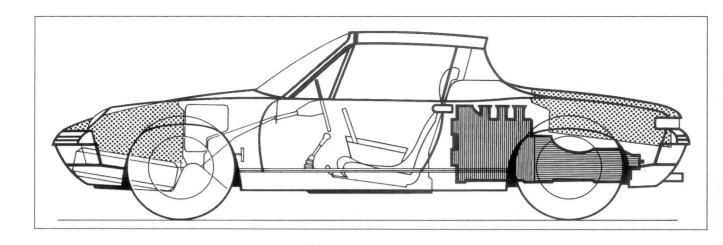

Der 914 entsteht

Die Ära der Mittelmotorcoupés war angebrochen. Der britische Journalist Denis Jenkinson schrieb 1971: „Ich weiß nicht mehr, welches Mittelmotorcoupé ich als erstes gesehen habe, aber der Fiberglas-Porsche 904 war wohl das erste, das ich gefahren habe und das mich überzeugt hat, dass diese Auslegung für einen Sportwagen die beste ist. 1954 hat Porsche den RS Spyder gebracht, mit seinem Viernockenwellen-Motor direkt vor der Hinterachse, das sah sehr gut aus, aber man gewann den Eindruck, dass Porsche einfach Glück hatte, dass der umgedrehte Vierzylinderboxer hineinpasste. Erst einige Jahre später, in den Sechzigern, machte man sich allgemein Gedanken über Mittelmotor-Sportwagen mit hubraumstärkeren Maschinen, und Ferrari brachte den 250 LM, den V12 zwischen Cockpit und Hinterachse gepresst; Eric Broadleys Lola Coupé-Prototyp mit V8-Mittelmotor bewies, dass dieses Konzept ideal für Rennsportwagen und auch, wie man hoffte, für rennsporttaugliche Straßensportwagen war.“

Eine ganze Reihe von Mittelmotor-Sportwagen kam Mitte der sechziger Jahre auf den Markt. Der Lamborghini Miura debütierte 1966, im folgenden Jahr erschienen der Ferrari Dino, der Lotus Europa, der Matra M530 und der De Tomaso Mangusta. Interessanterweise griffen die kleinen Sportwagenbauer auf Motoren der großen Hersteller zurück. Von den prospektiven Konkurrenten des geplanten VW/Porsche benutzte der von Pininfarina karossierte Ferrari Dino einen V6, der auch in Fiat-Modellen zum Einsatz kam, Lotus bezog seine Motoren von Renault und später Ford, und Matra lieh sich V4-Motor und Getriebe aus dem Ford Taunus.

Bei Porsche war man sich, wie bereits erwähnt, seit langen Jahren darüber im Klaren, dass der Mittelmotor das Optimum für Sportwagen darstellte. *Road & Track* bemerkte im Januar 1970: „Obwohl die Serienausführungen des 356 und des 911 ihren Motor stets hinter der Hinterachse trugen, ist das Mittelmotorkonzept für Porsche keineswegs etwas Neues. Die Porsche-Rennwagen bedienten sich von jeher der Mittelmotortechnik, die auf den Auto Union Grand-Prix-Wagen der Vorkriegszeit zurückgeht. Der erste nicht vom 356 abgeleitete Renn-Porsche war der 550 Mittelmotor-Spyder, der in mehreren Versionen jahrelang höchst erfolgreich lief. Spätere Rennwagen mit Mittelmotor umfassten die Modelle 904, 906, 907, 908 und derzeit den 917, die allesamt sehr erfolgreich waren.“

Es war beinahe unausweichlich, dass Porsche einen Seriensportwagen mit Mittelmotor ins Auge fasste, und VW unterstützte diesen Plan sehr gerne. Bereits zuvor hatte man erwogen, aus dem 904 einen Straßensportwagen zu entwickeln; leider gedieh der Plan nicht zur Reife. Der Entwurf für den neuen Sportwagen musste aber auch wesentlich alltagstauglicher ausfallen und sollte laut Lastenheft weder allzusehr nach Porsche noch allzusehr nach VW aussehen und zugleich beiden Seiten genehm sein...

Wie der Zufall so spielt, hatte Porsche bereits einen tauglichen Designentwurf von der Gugelot Design GmbH in Neu-Ulm an der Hand. Gugelot kümmerte sich eigentlich um Produktdesign, doch Mitte der sechziger Jahre wollte die Firma sich auch einmal an einem Auto versuchen.

Nach Festlegung der Karosserieform ging es um die Frage, aus welchem Material die Haut bestehen sollte. Gugelot tat sich mit der Bayer AG zusammen, das Ergebnis war eine ingeniöse Lösung, bei der Fiberglas-Streifen über einem Plastikschaumkern verklebt wurden. Ab 1966 machten Prototypen die Runde bei den großen deutschen Autofirmen, darunter auch Porsche. Zu Beginn des Sportwagenprojektes schien das Gugelot-Auto ein idealer

Die Konstruktion des 914 orientierte sich an Porsches Rennsporterfahrung; er gehörte zu einer Vielzahl neu erschienener Mittelmotor-Sportwagen.

Ein etwas unscharfes Standbild aus einem Film. Den Crashtest bestand der 914 mit Bravour – seine Karosserie war robust gebaut.

Ausgangspunkt zu sein, auch wenn es sich in diesem Stadium um ein Frontmotorauto mit Kunststoffkarosserie handelte. Dennoch kaufte Porsche den Entwurf im Herbst 1966 und stellte ihn auf eine Mittelmotorkonfiguration mit VW- und Porsche-Motoren um; das Ergebnis nannte man Typ 914. Zugleich entschied man sich gegen die Kunststoffhaut und für eine konventionelle Blechkarosserie mit Pressstahlrahmen. Anderen Quellen zufolge handelt es sich beim 914 jedoch um eine vollständige Porsche-Eigenkonstruktion, die mit dem Gugelot-Wagen nichts zu tun hatte.

Dank robusten Schwellern und einem mittig durch das Cockpit geführten Tunnel zur Aufnahme von Biegekräften geriet die Karosserie ausgesprochen stabil. Der integrierte Überrollbügel (wie beim 911/912 Targa) diente nicht nur der Sicherheit, sondern machte den Aufbau auch trotz des fehlenden Daches verwindungssteif. Front und Heck waren als deformierbare Zonen ausgelegt, der Innenraum durch Verstärkungen geschützt – als die Crashtests kamen, bestand sie der 914 mit Leichtigkeit.

Da die Front extrem niedrig war (das Auto insgesamt war 10 cm niedriger als der 911), hatte man sich für Klappscheinwerfer entschieden, um die US-Normen für die minimale Scheinwerferhöhe zu erfüllen – man setzte einfach voraus, dass die USA den Großteil der Produktion aufnehmen würde. Die Porsche-Designer unter Heinrich Klie und Butzi Porsche hielten an dieser Lösung fest. Übrigens lag der Cw-Wert des 914 20 Prozent unter demjenigen des 911.

Die endgültigen Entwürfe wurden 1967 von Volkswagen gebilligt. Da (weiter *auf Seite 32*)

Umfangreiche Erprobungen fanden im Entwicklungszentrum in Weissach statt. Der 914 biete im Trockenen wie bei Nässe eine gutmütige Straßenlage, hieß es.

Porsche Nummer Eins aus dem Jahre 1948.

Die erfolgreichen 550 und 550A Spyder.

Die 718-Reihe: Hier der 718 RSK.

Der elegante Porsche 914, hier in Le Mans 1964.

Der Vorläufer des 917: Porsche 910, 1966.

Professor Heinz Nordhoff, 1899-1968.

der) fahrbereit, am 12. April starb Professor Heinz Nordhoff. Das war nicht nur ein Schlag für Volkswagen und alle, die ihn kannten, es sollte auch das Projekt 914 und Ferry Porsche vor erhebliche Probleme stellen. Porsche und Nordhoff hatten bezüglich der Lieferung der 914-Karossen durch Karmann lediglich ein Gentleman`s Agreement getroffen. Das war für die beiden nichts Ungewöhnliches, sie waren es gewohnt, mündliche Absprachen zu treffen, doch der neue VW-Boss wollte natürlich etwas Schriftliches haben.

Lotz war der Ansicht, dass VW Exklusivrechte auf die Karosserie besitze. Porsche wurde informiert, dass, wenn er Karosserien kaufen wolle, er sich prozentual an den Werkzeugkosten beteiligen müsse, was die Hüllen naturgemäß wesentlich verteuerte. Diese neue Lage hätte leicht das ganze Projekt kippen können, doch kam man am Ende zu einer einvernehmlichen Lösung. Nach langen Verhandlungen kam man überein, eine Gesellschaft zu gründen, an der Porsche und VW zu je 50 Prozent beteiligt waren. Das wurde im Januar 1969 publik gemacht, und im April kam es zur Gründung der VW-Porsche Vertriebsgesellschaft GmbH (oder kurz VG) mit Sitz in Stuttgart und einem Stammkapital in Höhe von 5 Millionen DM. Die neue Firma war zuständig für Marketing und Vertrieb des VW-Porsche 914 und des Porsche 911 in den meisten Ländern, aber nicht in Amerika, wo eine ganz eigene Vertriebsstruktur vorgesehen war. Ein Direktor, Klaus Schneider, kam von VW, den zweiten, Otto Filius, stellte Porsche. Fritz Huschke von Hanstein war für die Öffentlichkeitsarbeit zuständig.

Karmann bereits den Ghia produzierte und in der Vergangenheit mit beiden Firmen häufig zu tun gehabt hatte, waren die Osnabrücker die erste Wahl für den Bau der Karosserie. Die VW-Ausführung sollte komplett in Osnabrück gebaut werden, die Sechszylindervariante sollte als Rohkarosserie nach Zuffenhausen geliefert und dort von Porsche selbst komplettiert werden, auf den Produktionsbändern des 911.

Ein Todesfall in der Familie

Viele Jahre lang verband Ferry Porsche und Heinz Nordhoff eine hervorragende Geschäftsbeziehung, darüber hinaus hatte ein Neffe Porsches die Tochter des VW-Chefs geheiratet; doch Nordhoff sollte 1970 in Pension gehen. Kurt Lotz als designierter Nachfolger wurde im Juni 1967 von einer Schweizer Firma abgeworben. Einen Monat später aber erkrankte Nordhoff schwer, und so hatte Lotz keine Möglichkeit, von Nordhoffs persönlich getroffenen Vereinbarungen mit seinen Geschäftspartnern zu erfahren. Am 1. März 1968 war der erste 914-Prototyp (ein Vierzylin-

Jahrelang wurden Porsche-Autos über das VW-Netz vertrieben. Dann und wann bekam Porsche einen eigenen Ausstellungsraum, wie hier in Hamburg. Das Bild aus dem Jahr 1954 (man sieht die neue, von der Karosserie abgesetzte Position der Stoßstangen) zeigt drei 356 und einen der 550 Spyder, nämlich den „Buckel"-Prototyp, der dem Mille-Miglia-Wagen jenes Jahres nachempfunden war.

Obwohl das auf den ersten Blick sehr spektakulär aussah, war es im Grunde nur die Sanktionierung des status quo: weltweit, außer in Großbritannien und Frankreich, wurden die Porsche-Autos

Das Porsche-Wappen prangte nur an einigen Vorserien-Sechszylindern und diesem 914/4-Prototyp, der Jahre später zugelassen wurde und die 5,5J x 15-Felgen erhielt. Letztere waren ab Modelljahr 1974 bei den Vierzylindern serienmäßig.

ohnehin über VW vertrieben. Dennoch wurden Gerüchte laut, VW und Porsche wollten fusionieren, bis sich Porsche schließlich veranlasst sah, die Mutmaßungen durch eine Pressemitteilung aus der Welt zu schaffen.

Der VG wurden ihre provisorischen Räumlichkeiten in Stuttgart bald zu eng, daher erwarb Porsche nicht weit vom Werk Zuffenhausen ein weiteres Grundstück in Ludwigsburg. Dieses wurde dann an die VG vermietet, die in den nächsten Monaten nach und nach dorthin umzog.

Lotz hatte indessen Werner Holste zum Chef der VW-Entwicklung gemacht, erteilte aber dennoch Porsche den Auftrag, am Käfer-Nachfolger (EA 266 oder, Porsche-intern, Typ 1966) zu arbeiten, und zwar parallel zu Audi und auch NSU. Die NSU-Bemühungen wurden bald eingestellt, aber Porsche und Audi blieben im Rennen. Porsche schlug einige Mittelmotor-Entwürfe vor, nämlich eine Limousine, einen Zweisitzer-Roadster und ein

2+2-sitziges Coupé. Beim Motor handelte es sich um einen wassergekühlten Vierzylinder mit Hubräumen zwischen 800 und 1800 ccm mit bis zu 105 PS. Anfang der siebziger Jahre wurde das ganze, von Ferdinand Piëch geleitete Projekt, obwohl bis dahin viel Arbeit und etwa 250 Millionen hineingeflossen waren, gestoppt, da die Produktionskosten für diese Autos viel zu hoch gewesen wären.

Details des 914

Zwei Versionen waren vom 914 geplant: ein VW und ein Porsche. Die VW-Variante, der 914/4, sollte von einem luftgekühlten 1,7-Liter-Boxer mit neuer elektronischer Einspritzung, der aus dem 411E stammte, angetrieben werden; die Einspritzung ermöglichte die Einhaltung aller amerikanischen Abgasnormen (auch der kalifornischen). Man schätzte, dass etwa drei Viertel der Produktion den VW-Motor erhalten würden. Das empörte viele Porsche-Fans, doch galt, was *Road Test* konsta-

tierte: „Obwohl die Vorstellung eines VW-Motors in einem leistungsstarken Sportwagen manche Leute erstaunt, ist die Maschine aus dem 411 fast genauso stark wie die Motoren im Super 90 oder 912, die zuletzt die Vierzylinder-Spitze in Porsches Motorenprogramm markierten."

Der VW 411 war im August 1968 eingeführt worden. Ein Journalist der Zeitschrift *MotorSport* schrieb anlässlich der Vorstellung: „Es ist erfreulich, dass VW auch im Falle des 411 am berühmten luftgekühlten Vierzylinder-Boxer im Heck festhält, der mit all seinen versteckten technischen Errungenschaften und Leichtmetallteilen zu Recht zu den sehr guten Motoren gezählt wird. Der Motor wurde auf 1679 ccm vergrößert und leistet jetzt 68 PS, er arbeitet dennoch mit bescheidenen Drehzahlen und einem niedrigen Verdichtungsverhältnis, soll trotzdem 145 km/h erreichen und dabei nur neuneinhalb Liter Normalbenzin verbrauchen."

Klappscheinwerfer kamen zum Einbau, um den US-Normen zu entsprechen und die Stirnfläche klein zu halten. An diesem 914/6-Prototyp fehlen die Verkleidungen um die Scheinwerfer.

Ein Vorserienmodell des 914/4 mit Wolfsburger Kennzeichen.

In einem Test des 411L Automatik im gleichen Blatt hieß es: „Schön, dass das Auto dank einer Verdichtung von nur 7,8 : 1 sich mit 90-Oktan-Benzin zufrieden gibt. Der Verbrauch lag bei 9,5 Litern (bei häufig benutzter Zusatzheizung). Der Motor ist ein schönes Stück Technik...“

Der 411E mit Einspritzung folgte im August 1969 und wurde in der Branche weithin respektiert. Dass der Motor im 914 in Mittellage eingebaut wurde, führte zu einer nahezu perfekten Gewichtsverteilung (10 Prozentpunkte besser als im damaligen 911). Mittelmotorautos besitzen dank der besseren Gewichtsverteilung eine bessere Straßenlage: weder führt eine Kopflastigkeit zum Untersteuern, noch lässt ein Übergewicht im Heck den Wagen im Grenzbereich übersteuern. Im leeren 914 ruhten etwa 45 Prozent des Gewichtes auf der Vorder- und 55 Prozent auf der Hinterachse; mit Reserverad und vollem Tank wurde daraus ein 50 : 50-Verhältnis. Diese Ausgeglichenheit verbessert die Straßenlage, und die Testberichte waren voll des Lobes über

Handling und Kurvenverhalten, trotz der schmalen Felgen und Reifen (4,5 J oder 5,5 J mit Radialreifen). Wie ein pensionierter Entwicklungsingenieur dem Autor mitteilte, ist die ursprüngliche Räder- und Reifenwahl eines Herstellers oft die beste, denn der Hersteller testet hunderte von Varianten

gründlich, bevor das erste Auto in Kundenhände kommt.

Ein weiterer Vorzug der Mittelmotorauslegung bestand darin, dass der Wagen über zwei Kofferräume verfügte, einen vorne und einen hinten. Der Heckkofferraum fasste 200, der vordere 260 Liter. Das ergab ein Gesamtvolu-

Noch ein Bild des 914/6-Prototyps. Die Spaltmaße sind noch erschreckend; das Porsche-Wappen ziert nicht nur die Radkappen, sondern auch die Fronthaube.

Dieser Vorserien-Vierzylinder trug Fuchs-ähnliche Radkappen, eine Idee, die wohl aus Kostengründen nicht in die Serie übernommen wurde.

men von über 450 Litern; ein Alfa Romeo Spider dagegen schluckte nur etwa 195 Liter, obwohl sich hinter den Sitzen noch Gepäck unterbringen ließ, sofern der Besitzer es neugierigen Blicken aussetzen wollte.

Da kein Kardantunnel den Innenraum durchschnitt, bot der 914 seinen Passagieren viel Bewegungsfreiheit, und da es sich um einen reinen Zweisitzer handelte, konnte man die Sitze ganz an die Schottwand zurück schieben, was weiteren Raumgewinn brachte.

Die Porsche-Version, der 914/6, erhielt den klassischen luftgekühlten Sechszylinder aus dem 911T des Modelljahres 1969 mit 110 PS – 30 PS mehr als die VW-Maschine. In jenem Jahr gab es drei 911-Varianten, den 911T, den 911E mit 140 PS und den 170 PS starken 911S. Der Sechszylinder-Boxer war im Herbst 1963 präsentiert worden. Von Hans Tomala entwickelt, besaß dieser Typ 901 zwei Liter Hubraum und je eine obenlie-

Die Tests des 914/6 in Weissach verliefen mehr als zufriedenstellend. Der 914 wurde auf der IAA im September 1969 offiziell präsentiert.

Der hintere Kofferraum war recht flach, da unter ihm das Getriebe lag. Aber dank des zweiten Kofferraums in der Front ließ sich einiges an Gepäck unterbringen. Bis 1972 ragte das Auspuff-Endstück durch eine Öffnung in der längeren Heckschürze. Hier sieht man auch die erste Ausführung der Nummernschild-Aussparung mit schärferen Kanten. Der Heckschriftzug lautete „914-6 VW-Porsche" an nicht für die USA bestimmten Wagen.

Eine Kunststoff-Verkleidung zierte die Hauptscheinwerfer; auf Wunsch wurden Nebel- oder Zusatzscheinwerfer in der Frontstoßstange geliefert.

gende Nockenwelle pro Zylinderbank. Um auch in schnellen Kurven die Ölversorgung zu gewährleisten, verfügte die Maschine über eine Trockensumpfschmierung. Eine Bohrung von 80 mm und ein Hub von 66 mm ergaben 1991 ccm Hubraum und 130 PS bei 6100 Umdrehungen; die Literleistung lag bei 65 PS. Die frühen Ausführungen besaßen einen Aluzylinderblock und ein zweiteiliges Kurbelgehäuse. Die Zylinder bestanden aus Biral, der Zylinderkopf aus Leichtmetall. Ursprünglich fanden je Seite drei Solex-Fallstromvergaser Verwendung, ab Anfang 1966 Weber-Dreifachvergaser.

Während sich der 914/6 mit der Zweilitervariante begnügte, spendierte man dem 911 für 1970 einen vergößerten 2,2-Liter-Motor, der wieder in drei Leistungsstufen erhältlich war; diese Modelle wurden gemeinsam mit dem 914 und dem 914/6 am 6. September 1969 vorgestellt.

Beide Modelle verfügten über ein Fünfganggetriebe zur Verbesserung der Fahrleistungen, wenn auch die Übersetzungsverhältnisse sich unterschie-

den (das Getriebe 914/11 wurde im Vierzylinder, der Typ 914/01 im Sechszylinder verbaut). Identisch war der Achsantrieb mit einer Übersetzung von 4,428 : 1; das halbautomatische Sportomatic-Vierganggetriebe war ebenfalls vorgesehen.

Die Radführung erfolgte vorne über McPherson-Beine, Längslenker und längs angeordnete Torsionsstäbe, hinten über Querlenker und Federbeine, um Platz für den Motor zu schaffen. Die Federkennungen waren sehr hart und machten die Verwendung von Stabilisatoren überflüssig – dennoch beobachteten die Porsche-Testfahrer höhere Querbeschleunigungen in Kurven als beim zeitgenössischen 911.

Scheibenbremsen kamen an allen vier Rädern zum Einsatz, sie stammten, wie die Lenkung, aus dem Porsche- oder VW-Regal, je nach Motorisierung. Am 914/4 stammten Bremsscheiben und Räder vom 411 (obwohl hinten spe-

zielle Scheiben mit integriertem Handbremsmechanismus benötigt wurden), der 914/6 besaß die Bremsen des 911. Der Handbremshebel befand sich bei beiden Varianten links vom Fahrersitz, um den Einbau des als Extra angebotenen „Mittelsitzes" zu ermöglichen.

Die Ergebnisse intensiver Langzeittests in allen möglichen Klimata überzeugten die Hersteller, dass der 914 serienreif war.

Vorstellung des neuen Autos
Die Vorstellung des 914 sollte auf der Frankfurter IAA im September 1969 erfolgen. Die IAA findet alle zwei Jahre statt, und der Star der Show im Jahre 1969 war zweifellos der Mercedes C 111 mit Wankelmotor und Flügeltüren. Dafür war der 914 gleich auf zwei Ständen präsent, nämlich bei VW-Porsche und bei Karmann.

Der Vierzylinder war praktisch sofort lieferbar, der größere Bruder ab Februar des nächsten Jahres. Es war geplant, 30.000 Einheiten pro Jahr zu bauen; der 1,7 Liter ging im Oktober 1969 in Serie, während der 914/6 eigentlich gegen Jahresende in Produktion gehen und im Porsche-Programm den 912 ersetzen sollte.

Teil des Vertrages mit VW war, dass beide Modelle auf den Namen VW-Porsche hören sollten, was natürlich der schwächeren Version einen gewissen Glanz verlieh. Ausnahme waren die USA, wo beide Modelle als Porsche vermarktet wurden. Natürlich war Amerika der wichtigste Markt, und dieser Marketingtrick passte sehr gut, da Porsche in den USA eine Ver-

triebsgemeinschaft mit Audi eingegangen war, die in Englewood Cliffs, New Jersey, unter der Leitung von John Reilly angesiedelt war. Zu dieser Situation schrieb *Motor Trend* im Oktober 1969 das Folgende: „Anders als früher, als man genau wusste, was ein VW und was ein Porsche war, muss man heute Licht ins Dunkel der Verflechtungen zwischen Porsche und VW werfen. Zunächst einmal können heute die VW-Händler angesichts der Verbindung zwischen VW und Porsche und dem Zukauf von Audi und Auto Union keine Porsche-Modelle mehr verkaufen, wie es langjähriger Brauch war. Daher wird VW für sich

alleine arbeiten und Porsche mit Audi zusammengehen."

Die selbe Zeitschrift analysierte die Vertriebssituation in Amerika im Juni 1970 folgendermaßen: „Letztes Jahr schloss Porsche eine Vertriebs- und Entwicklungsehe mit VW, kurz nachdem die Wolfsburger Audi-NSU erworben hatten. Porsche konnte nun Volkswagens weltweite Händlerorganisation für seine feinen Sportwagen nutzen und VW gewann Zugang zu

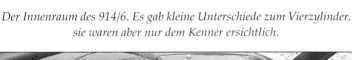

Der Innenraum des 914/6. Es gab kleine Unterschiede zum Vierzylinder, sie waren aber nur dem Kenner ersichtlich.

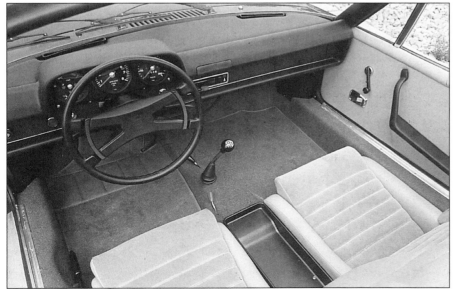

Motorraum des 914/6. Die Maschine lief im 914 etwas heißer als im 911, was aber kein Anlass zur Besorgnis war. Das Ölthermometer verfügte daher über eine Skala mit anders platziertem roten Bereich.

Das Design erregte schon Aufmerksamkeit, aber den Gesichtern der Betrachter nach zu urteilen, kam es recht unterschiedlich an...

Porsches hervorragendem Ingenieurkader für Entwicklungsarbeit und Prototypenbau. Darüberhinaus konnte Porsche die Mehrzahl der 914er mit VW-Motoren versehen – mit dem Motor, den Wolfsburg für den 411 entwickelt hatte. Was die USA angeht, so beschloss VW of America, das für den Vertrieb des VW-Porsche zuständig ist, dem traditionellen kombinierten VW- und Porsche-Händler ein Ende zu bereiten. Der VW ist ein Kleinwagen und soll es auch bleiben. Der Porsche ist ein (vergleichsweise) teurer Sportwagen und soll daher separat vertrieben werden. Daher stellte VW seine bisherigen VW/Porsche-Händler vor die Wahl, entweder exklusiv VW oder Porsche oder beide Marken in getrennten Gebäuden zu vertreten. Nichts mehr mit alles unter einem Dach. Damit es der reine Porsche-Händler etwas leichter habe, gab man ihm den Audi und machte ihn zum Porsche-Audi-Mann. Zum 1. Oktober letzten Jahres vollzog man die papiermäßige Trennung von VW und zum 1. November (was haben sie den Oktober über eigentlich getrieben?) begann man, die neuen Händler zu etablieren und sorgte sich um Logistikfragen und darum, wo man die ganzen Ersatzteile unterbrin-

gen könnte. Eine monumentale Aufgabe, doch hinter dem Ganzen steht ja immer noch VW of America, ein Unternehmen, dessen Organisationsgeschick so gewaltig ist, dass es den Erstsemestern an den Marketingschulen noch auf Jahre hinaus bis zum Erbrechen eingepaukt werden wird.

Ende Januar tröpfelten einige wenige 914 ins Land, um den Händlern zu beweisen, dass es das Auto wirklich gab; die Händler mussten ja im Moment von den mindestens 6500 Dollar teuren 911-Modellen leben, und das funktioniert nur, wenn man in Südkalifornien sitzt (40 Prozent aller im letzten Jahr verkauften und 80 Prozent aller hierzulande zugelassenen Porsche befinden sich dort). Im Februar kamen weitere Autos und gingen an Kunden, die

Monate zuvor blind bestellt und Anzahlungen geleistet hatten. Im März kamen noch mehr Autos, darunter einige wenige 914/6. Im April sah es so aus, als könnten irgendwann normale Zustände einkehren. Porsche-Audi lebt. In den Autohäusern werden die Kunden nicht zum Kauf gedrängt. Das ist nicht nötig. Das kann gar nicht nötig sein, wenn man mehr Autos verkaufen könnte, als man zur Verfügung hat. Ein bestelltes Auto wird geliefert, aber in der falschen Farbe. Man ruft den Kunden an und teilt ihm die schlechte Neuigkeit mit, aber das ist ihm reichlich egal, zum Teufel mit der Farbe, er will seinen 914 haben. Wann er ihn abholen kann? Sofort. Ein Kunde hat zwei Möglichkeiten: bestellen oder ein Auto aus dem Bestand kaufen (oder aus dem georderten zukünftigen Bestand). Wenn er sein Auto bestellt, muss er drei Monate warten. Wenn er eines ab Lager kauft, stehen die Chancen gut, dass er sein Traumauto bekommt – die Liste der Extras ist kurz. Der Händler erhält sein Auto vom regionalen Vertriebszentrum, das ziemlich genau weiß, was die Leute wollen und seinen Bestand dementsprechend und gemäß Vorgaben von VW of America bestellt hat. Dann geht es darum, die Autos zum Händler zu bekommen. Vor dem VW-Porsche-Vertrag kamen die Porsche nicht zusammen mit VWs über den Ozean, und sie erreichten Amerika zuweilen in nicht gerade idealem Zustand. Jetzt werden die Autos der beiden Marken gemeinsam verschifft und an verschiedenen amerikanischen Häfen entladen und anschließend per Autotransporter zum Händler gebracht.

Man wird in den nächsten sechs bis acht Monaten nur sehr wenig Werbung für den 914 sehen, denn der ist, wie gesagt, praktisch schon ausverkauft, und außerdem gibt es ja noch den feinen Audi, für den geworben werden kann... Man muss Porsche und VW große Bewunderung zollen, nicht nur für ihre Autos, sondern auch für ihre Vorgehensweise. Anfang der sechziger Jahre kostete ein Porsche, ob Standard oder Super

90, zwischen 4000 und 5000 Dollar. Vor dem 914 gab es nur die mindestens 6000 Dollar teuren 911. Jetzt sind wir preislich wieder am Anfang der sechziger Jahre angekommen und erhalten für unser Geld sogar noch ein schnelleres und besser liegendes Auto, das heute genauso revolutionär ist wie es damals der 356 war. Für Porsche ist Inflation wohl ein Fremdwort."

Hinter den Kulissen gab es natürlich doch Probleme mit dem neuen Vertriebssystem. Ehe der 914 in den USA auf den Markt kam, war die Zahl der Porsche-Händler um ein Drittel gesunken, denn jeder Händler, der die Marke Porsche behalten wollte, war gezwungen, um die 250.000 Dollar in einen separaten Schauraum zu investieren. Viele Händler waren, wenig überraschend, der Ansicht, dass sich das nicht lohne.

Die Lage wurde für Porsche auch dadurch nicht besser, dass Karmann, in Erfüllung der in punkto 914 getroffenen Abmachungen, die Karosserien ausschließlich lackiert lieferte, was den Preis erhöhte. Die Karosserien kosteten Porsche ohnehin schon wesentlich mehr als geplant – sie waren sogar teurer als die 911-Hüllen. Daher näherte sich der 914/6 preislich schon sehr dem günstigsten 911 an.

Indessen hatte Opel einen frischen Konkurrenten für den 914 vorgestellt. Im September 1968 kam der Opel GT auf den Markt, ein besonders attraktives Coupé mit einem 1,1- oder 1,9-Liter-Motor; mit dem Letzteren war das Auto recht schnell unterwegs.

3

Die frühen Modelljahre

„Wenn wir aus dem Rennsport et-was gelernt haben, dann, wohin der Motor gehört.
Ein rennsporttauglicher Sportwagen braucht keinen Rücksitz. Der Motor kann, anders als bei einem GT-Auto, vor der Hinterachse, nahe der Wagenmitte, angeordnet werden. Dadurch sind die Gewichte besser verteilt, was das Auto in vielen Bereichen einem konventionellen Wagen überlegen macht. Es ist Zeit, dass Sie diese Überlegenheit genießen können. Darum haben wir ein Mittelmotorauto für die Straße gebaut."Porsche-Werbung in den USA, 1970."

Nach dem Debüt des 914 auf der IAA (vom 11. bis 21. September) wollte das Publikum natürlich lesen, was die Presse von dem futuristisch aussehenden Sportwagen hielt. Ein 914/6 war einigen wichtigen Journalisten während der Ausstellung zur Verfügung gestellt, aber leider vorher nicht durchgecheckt worden: einige Macken, wie unkorrekte Sturz- und Spurwerte und falsche Reifendrücke, an dem Wagen führten dazu, dass er beim Test auf dem Hockenheimring eine schlechte Figur abgab. Der Schaden war angerichtet – die Presse, deren Erwartungen enttäuscht worden waren, zeigte sich von dem Auto wenig beeindruckt.

Da wir inzwischen wissen, warum dieser Vorführ-914 so hinter den Erwartungen zurück blieb, mag es legitim sein, Teile dieser ersten Testberich-

Für den 914/6 gab es gegen Aufpreis Mahle-Alufelgen. Diese entsprachen mit einer Größe von 5,5 Jx15 den Serien-Stahlfelgen, waren aber die leichtesten, jemals an einem Porsche verwendeten Räder.

Das Testfahrzeug mit der Nummer S-M 2383 erhielt später gänzlich andere Aufgaben. Hier trägt der Wagen die serienmäßigen 5,5 Jx15-Stahlfelgen vom 911. Diese üblicherweise silbern lackierten Räder konnte man auch in verchromter Ausführung ordern. Beide Versionen verfügten über Chromradkappen. Der 914/6 besaß diese Felgen bis zum Produktionsende. Im Unterschied zu den VW-Rädern hatten sie zehn statt acht Lüftungsschlitze.

te außer Acht zu lassen. Es gab jedoch auch Probleme, die nicht auf eine mangelhafte Präparation des Testwagens zurückzuführen waren. Die Seitenwindempfindlichkeit des 914 war zwar gering, aber die Bremsen neigten nach mehreren Vollbremsungen zu Fading; an diesem Problem litt der 914/6, dank der innenbelüfteten Porsche-

Bremsen, nicht. Eine Zeitschrift mokierte sich darüber, dass der Tankstutzen im vorderen Kofferraum lag, schwer zu erreichen war und gerne Benzin über das wertvolle Gepäck spuckte. Porsche wollte ursprünglich einen außenliegenden Tankstutzen auf der rechten Seite, doch aus Kostengründen wanderte er unter die Fronthaube.

S-M 2383 erhielt später Mahle-Felgen und wurde für Werbeaufnahmen verwendet. Einige dieser Photos fanden den Weg in einen 914-Prospekt.

Der nicht verstellbare Beifahrersitz stieß auf Kritik, doch das Fehlen von Sitzschienen sparte Gewicht und, einmal mehr, Kosten. Dadurch war es aber auch möglich, die Sitzlehne nach rechts zum Fahrersitz hin auszudehnen, was die Geräuschdämmung zum Motorraum hin verbesserte. Popular Imported Cars gefiel dieses Arrangement: „Im 914 sitzt man hervorragend, eigentlich erstaunlich angesichts des Mittelmotors und des großen Frontkofferraums. Nur der Fahrersitz ist verstellbar, aber der Beifahrer hat viel Platz für die Beine. Die Hüften werden gut abgestützt, was lange, schnelle Etappen zum Kinderspiel werden lässt."

Die Fensterkurbeln wurden ebenfalls kritisiert; viele Tester taten sich an den Fingerknöcheln weh. Bisweilen wurde auch ein Schütteln des Vorderwagens konstatiert – das hatte es in einem Porsche bisher noch nicht gegeben.

Hubert Davis schrieb im World Car Guide, Ausgabe Mai 1970: „Kurz gesagt, nach VW-Maßstäben ist die Schaltung gut, für einen Porsche miserabel..." Davis stand mit seiner Ansicht keineswegs allein, viele störten sich an den langen, unexakten Schaltwegen, die durch das weit hinten, noch hinter dem Motor liegende Getriebe nötig wurden. In den meisten Testberichten fand diese Schwäche Erwähnung.

Obwohl Porsche auf einen besseren Start gehofft hatte, gab es aber auch Lob. In seinem Test schrieb Davis an anderer Stelle: „Beim Handling sieht es ganz anders aus... Man kann den Wagen nicht zum Kippen bringen, außer, man rast gegen eine Bordsteinkante."

Das Fiberglas-Targadach gefiel der Presse. Im Heckkofferraum verstaut, nahm es dort nur 7 cm Höhe in Anspruch und war leicht genug, um von einer Dame im Alleingang abgenommen oder aufgesetzt werden zu können. Auch die geräumigen Kofferräume galten als Pluspunkt für einen Sportwagen.

Zwei Vierzylinder, gekauft von Radio Luxemburg. Im Vordergrund ein 914S, hinten ein Standardmodell. Das beliebte S-Paket umfasste einige Extras und näherte das Erscheinungsbild des Vierzylinders dem 914/6

Wheels fasste im März 1970 zusammen: „Dieser innovative Sportwagen ist ein Gemeinschaftsprojekt von Deutschlands größtem und kleinstem Autobauer. Die Fans unter uns werden froh darüber sein, dass der kleinere Partner maßgeblich für den Entwurf des 914 verantwortlich zeichnete."

Der 914 in Europa
Im Katalog zur Earls Court-Autoausstellung des Jahres 1969 stand zu lesen: „Die Geschichte wiederholt sich, indem hier ein Auto präsentiert wird, das Elemente des exotischen Porsche und

Der VW-Motor des 914/4. Der 1,7-Liter bot 80 PS und 13,6 mkg Drehmoment; er wog mit 127 kg fast 50 kg weniger als die Porsche-Maschine.

Der 914/4 im Test. Dieses Auto besitzt die als Extra lieferbaren 5,5J-Felgen, die, bis auf ihre Breite, den 4,5J-Rädern entsprachen. Es wurden jeweils VW-Felgen benutzt, obwohl die US-Ausführungen kein VW-Emblem trugen.

Der 914/4 erhielt recht gute Kritiken und erwies sich als durchaus zuverlässig. Erwartungsgemäß verkaufte sich das kleinere Modell wesentlich besser.

des bodenständigen Volkswagen miteinander verbindet. In einem Punkt zeigen sich 914 und 914/6 fortschrittlicher als der Porsche selbst, verfügen sie doch nach Rennwagenmanier über einen Mittelmotor, keinen Heckmotor. Als Antrieb dienen ein 85 SAE-PS starker Vierzylinder-Einspritz-Boxer von VW oder ein Sechszylinder-Boxer von Porsche mit zwei Weber-Dreifachvergasern und 125 SAE-PS. Die Karosserien sind identisch und haben ein abnehmbares Fiberglas-Dach. Nur mit Linkslenkung erhältlich."

MotorSport schrieb im März 1970: „Porsche Großbritannien brachte den ersten 914S im Januar ins Land, Kundenauslieferungen begannen im vergangenen Monat. Der 914-Vierzylinder kostet 2163, mit Sportomatic 2333 Pfund; der Sechszylinder 3475, mit Sportomatic 3645 Pfund (gerundet, inkl. Steuern)." Den 914S-Vierzylinder gab es nur im Vereinigten Königreich.

In der Mai-Ausgabe von *MotorSport* beschrieb Bill Boddy seine ersten Eindrücke vom 914. Wie stets vertrat er seinen Standpunkt mit Nachdruck und Aufrichtigkeit, was diesen Test, in den Augen des Autors, wichtig er-

scheinen lässt. Es hieß da: „Dank AFN Ltd in Isleworth konnte ich ein phantastisches Wochenende mit dem VW-Porsche 914 verbringen. Wie wir schon häufig bemerkt haben, ist der Mittelmotor das kommende Konzept, denn wer einmal einen solchen Wagen fuhr, wird fürderhin keine schlechter liegenden Autos mehr akzeptieren. Exzellente Kurvenlage und eine komfortable Federung und Dämpfung, das sind die herausragenden Vorzüge des 914. VW tat gut daran, diesen Mittelmotorwagen zu bringen, hatte man doch dieses kompakte Triebwerk an der Hand, das bislang unterflur im Heck von Kombis seinen Dienst verrichtet hat. Da Porsche sich um das Fahrwerk und alles, was für sportliches Fahren nötig ist, kümmerte, musste da ganz einfach etwas Bemerkenswertes heranreifen.

Auf trockener Straße war es mir nicht möglich, den Wagen zum Ausbrechen zu bringen; man geht schneller und schneller in die Kurven und kann kaum glauben, dass der 914 so gut liegt. Doch er tut es, und wenn man sich daran gewöhnt hat, geht man vor weiten Kurven gar nicht mehr vom Gas. Die Straßenlage ist rennwagenmäßig. Mein roter 914 rollte auf Michelin ZX-Reifen, wie viele Sportwagen der jüngsten Vergangenheit. Manches ist über die Nachteile der Mittelmotorauslegung geschrieben worden; der VW-Porsche ist frei von ihnen. Die Sitzlehnen stehen fast senkrecht und lassen sich nicht verstellen, und dennoch zählen die Sitze zu den bequemsten, die ich kenne. Die Prospekte wollen den 914 als Dreisit-

zer verkaufen, und als Extra gibt es ein Sitzpolster für die Mittelarmlehne. Darauf könnte zwar ein Kind sitzen, aber in Wahrheit ist es ein reiner Zweisitzer – und warum auch nicht? Vom Motor dringt wenig Hitze und Lärm in den Innenraum, wahrscheinlich, weil die Maschine so tief angeordnet ist. Die Sicht nach vorne ist exzellent, die breiten A-Säulen stören kaum; der Innenrückspiegel bietet wegen der schmalen Heckscheibe wenig Nutzen, aber der Außenrückspiegel an diesem linksgelenkten Exemplar bot gute Sicht nach hinten. AFN installierte zu Versuchszwecken ein Heizelement von Delodur an der Heckscheibe, das vorzügliche Dienste tat. Hin und wieder ein Blick über die Schulter und in den Außenrückspiegel, das genügte; Rückwärtsfahren stellte uns vor keine Probleme, aber in der umrahmten Heckscheibe spiegelte sich die Karosserie, und die Armaturen könnten als Schminkspiegel durchgehen. VWs Mittelmotorrenner birgt keine konzeptionellen Nachteile in sich und Ein- und Ausstieg erfolgen über ganz normale Türen mit VW-Porsche-Türgriffen und -schlössern.

Das Interieur des Autos ist in nüchternem Schwarz gehalten, die Bedienung erfolgt über Knöpfe und einen Hebel links an der Lenksäule. Alles ist gut durchdacht, nur das kleine Lenkrad verdeckt den interessanteren Teil des Drehzahlmessers. Man spendiert uns sogar den Luxus von gleich zwei Kofferräumen, die zusammen 450 Liter fassen, einen vorne und einen hin-

ter dem Motorraum, für die sich eher flache Gepäckstücke empfehlen.

In Fahrt genießt man, wie gesagt, die makellose Federung und die narrensichere Straßenlage, die auf die gute Gewichtsverteilung, die geringe Höhe und den langen Radstand zurückgeht. Das Fahrwerk, vorne mit Torsionsstäben, hinten mit Federbeinen, ist so gut gedämpft, dass die Räder immer am Boden kleben und auch größere Unebenheiten gut gemeistert werden. Die Federung lässt sogar bisweilen den offensichtlich sehr steifen Aufbau leicht klappern, doch auch holprige Straßen machen dem 914 nichts aus. Die Mittelschaltung ist mit einem Fünfganggetriebe verbunden, doch während man etwa von einem Alfa Romeo sagen kann, er habe einen Gang für jede Fahrsituation, lässt sich die moderne Porsche-Schaltung allenfalls als gewöhnungsbedürftig beschreiben. Früher war es die beste Schaltung der Welt, heute sind sich Neulinge nie sicher, in welchem Gang sie gerade sind oder welchen Gang sie gerade einlegen, selbst der Leerlauf ist nicht besonders gut definiert. In der Spitze sah ich 160 km/h auf dem Tacho, doch der nur 80 PS starke Vierzylinder-Einspritzer aus dem VW 411 unterfordert dieses bemerkenswerte Auto deutlich. Es wird wohl keinen Rechtslenker geben, und da die teure Karmann-Karosserie und der Zoll usw. den Preis in England auf 2261 Pfund getrieben haben, dürfte der Absatz hierzulande nicht sehr hoch sein. Selbst in Deutschland, wo das Auto knapp 12.000 Mark kostet, dürfte es nicht gerade ein Porsche für Arme werden. Die Nenndrehzahl des VW-Triebwerks liegt bei 4900 Touren, es lässt sich aber kurzzeitig bis zur Höchstdrehzahl von 5600 Touren ausdrehen. Der wesentlich teurere 914/6 mit Porsche-Sechszylinderboxer dürfte ein hochinteressantes Fahrzeug sein, eine Art Flugzeug für die Erde, vom Tempo her gesehen, und kurvengierig wie ein Motorrad (von Anschlag zu Anschlag nur etwa drei Lenkradumdrehungen)... AFN Ltd vertreibt beide Modelle, VW verkauft den 914 bei uns nicht.

Ob Vier- oder Sechszylinder, der 914 besitzt einige ungewöhnliche Details. Die Handbremse etwa lässt sich in üblicher Art anziehen, fällt dann aber auf den Wagenboden. Dadurch soll der Fahrer ohne Behinderung durch den Handbremshebel ein- und aussteigen können. Um die Handbremse zu lösen, zieht man den Hebel wieder hoch, bis man einen Widerstand spürt, man drückt dann den Knopf und führt den Hebel wieder nach unten. Ein Warnlicht für die angezogene Handbremse wäre bei einer solchen Ausführung noch nötiger als ohnehin schon. Eine weitere Merkwürdigkeit: um deutschen Vorschriften zu genügen, fahren die Hella-Klappscheinwerfer aus, sobald man das Parklicht einschaltet. Das ist kein großer Nachteil, doch der Importeur denkt daran, die Stromkreise so zu konfigurieren, sodass sich das Parklicht allein nutzen lässt. Das Fahrlicht ist schlecht, aber es gibt fest installierte

Hella-Fernscheinwerfer. Bemerkenswert ist auch das abnehmbare Hardtop, das sich im Heckkofferraum verstauen lässt; der VW-Porsche ist ein echtes Cabrio ohne Klappverdeck – eine Art Coupé de Ville. Eine ungewollte Besonderheit ist, dass die Blinker sich in den Scheinwerferverkleidungen spiegeln, und wenig erbaut war ich auch darüber, dass mich die Blinkeranzeiger im Armaturenbrett blendeten. Für den Beifahrer gibt es einen Haltegriff und eine filzbezogene Fußstütze, die gegen Verrutschen gesichert ist. Neben einem Werkzeugset gibt es auch einen großen, einschraubbaren Abschlepphaken serienmäßig.

Der Tank unter der Fronthaube ist, den amerikanischen und kanadischen Vorschriften gemäß, belüftet. Der Sprit lässt sich nur langsam einfüllen, aber da die Tankkontrollleuchte erst nach gut 540 Kilometern zu leuchten beginnt und dann noch etwa sechs Liter im Tank sind, muss man, wie bei jedem VW, nur selten tanken. Eine grobe Messung ergab einen Verbrauch von etwa 10,5 Litern.

Dies also sind die ersten Eindrücke von einem der führenden Sportwagen der siebziger Jahre. Vom VW-Porsche, der offiziell, glaube ich, Typ 47 heißt, werden die Kenner bald mit Begeisterung sprechen."

Autocar testete den 914 im Juli 1970. Der Grundpreis in England betrug 1730 Pfund; Steuern und die obligatorischen Sicherheitsgurte trieben den Preis auf 2270 Pfund. Als Extra erhältlich waren Lederlenkrad, Sitzkis-

sen für den Mittelsitz, heizbare Heckscheibe und Radio/Cassette.

Autocar schrieb: „Auf unserem Testkurs erreichte der 914 eine Spitze von 165 km/h, auf einer langen Geraden wäre er wohl noch schneller. Im fünften Gang sahen wir maximal 4650 Umdrehungen, was unter der Nenndrehzahl von 4900 Touren liegt. Der Hersteller gibt eine Spitze von 175 km/h an, was genau der Nenndrehzahl entspricht. Im vierten Gang drehte der Wagen ohne Weiteres bis an den roten Bereich bei 5600 Touren, was 156 km/h ergibt."

Man maß die stehende Viertelmeile mit 19,9 Sekunden und die stehende Meile mit einer Minute. 100 km/h waren nach 14,8 Sekunden erreicht. Der Verbrauch lag bei sehr respektablen 11 Litern.

Der 914 *in den USA*

1970 produzierte Porsche etwa 70 Autos je Tag, insgesamt 16.757 Einheiten. Das Stammkapital lag inzwischen bei 20 Millionen DM, die Zahl der Beschäftigten bei etwa 4000. Der mit Abstand wichtigste Markt für die Stuttgarter waren die USA.

Wie im vorherigen Kapitel erwähnt, begannen die Lieferungen nach Amerika ab dem 1. Januar 1970. Schätzungen anhand der Zahlen von 1969, denen zufolge 46 Prozent der Gesamtproduktion in die USA gingen, ergaben, dass 1970 etwa 14.000 914er (11.000 Vierzylinder und 3000 914/6) in Amerika verkauft werden würden, dazu etwa 6000 911. Ganz entgegen der Porschetypischen Gründlichkeit, war eine englischsprachige Betriebsanleitung aber erst lange nach Beginn der Verkäufe erhältlich – war das ein Omen?

Car & Driver schrieb im Juni 1970: „Bislang haben wir festgestellt, dass der 914 ein kompakter, geräumiger Mittelmotor-Sportwagen ist – eine gelungene Konstruktion. Doch rüstet euch, Porsche-Fans! Das ist auch schon das wesentliche Positivum. Mit dem Namen Porsche verbindet man automatisch Leistung, hochklassige Technik und hohe Verarbeitungsqualität – der 914 muss ohne alle diese Vorzüge auskommen. Er wird als Einstiegsporsche angepriesen, und mit einem Preis von 3935 Dollar ist er das auch. Er ist halb so teuer wie ein 911 S – und auch nur halb so gut -, aber das reicht nicht. Nicht, wo es doch Konkurrenten von Datsun, Opel und Fiat gibt, die allesamt ihre Stärken haben und bedeutend weniger kosten. Der 914 kann da nicht mithalten. Leider liegt er voll daneben."

Es ging weiter: „Als Nachfolger des Karmann-Ghia wäre er ein Hit. Dafür wäre er sehr gut geeignet. Zum Beispiel kommt die Karosserie von Karmann. Und der Motor von VW... Für seinen Preis bietet der Porsche 914 zu wenig."

Man muss fairerweise zugeben, dass *Car & Driver* vom Vierzylinder nicht sehr angetan war. Immerhin beschleunigte der Wagen in 11,3 Sekunden auf 100 und lief geschätzte 168 km/h Spitze. Ganz ähnliche Zahlen hatte zwei Monate zuvor der *Road & Track*-Test ergeben.

Andererseits kürte *Motor Trend* den 914 zum Importauto des Jahres 1970: „Manche halten ihn für hässlich, untermotorisiert und überteuert. Kritiker halten ihn nicht einmal für einen echten Porsche...Was immer der 914 nun ist oder nicht ist, in einem Punkt stimmen alle überein: er ist ein hochmodernes Auto."

Im Mai 1970 prüfte *Road Test* einen 3695 Dollar teuren 914: „Wir haben wohl hinreichend klargemacht, dass wir den Porsche 914 für ein tolles Auto halten. Nicht ohne Einschränkungen, natürlich. Aber insgesamt glauben wir behaupten zu dürfen, dass dieses Auto das meistverkaufte Porsche-Modell aller Zeiten werden wird."

Die erwähnten 3695 Dollar waren übrigens der Preis, der für die Westküste galt und der 100 Dollar über dem Preis an der Ostküste lag (jeweils ab Lager). Zur gleichen Zeit musste man an der Westküste für einen 914/6 6099 Dollar und für einen 911T Targa 7205 Dollar zahlen. Letzterer hatte im Vorjahr nur 6235 Dollar gekostet.

Die Ausstattung des Basis-Vierzylinders war recht mager – vielleicht zu mager -, doch für 200 Dollar gab es das Appearance Group-Paket, das weitgehend dem europäischen S-Paket entsprach. Für das Geld gab es kunstlederbezogene B-Säulen, Chromstoßstangen, breitere 5,5J x 15-Felgen mit Reifen der Größe 165 SR 15, Doppelfanfare, Nebelleuchten (Fernscheinwerfer waren damals in den USA nicht erlaubt), Lederlenkrad und Veloursteppiche.

Alle US-Varianten (Vier- und Sechszylinder) hatten seitliche Positionsleuchten auf den vorderen Kotflügeln, was nur in Amerika vorgeschrieben war. Autos, die nach Japan, Italien und Dänemark gingen, hatten an der gleichen Stelle zusätzliche Seitenblinker.

Andere US-Spezifika waren die durchgängig orange gefärbten vorderen Blinkergläser, die somit als zusätzliche Positionsleuchten zu nutzen waren. Auf den übrigen Märkten waren die Gläser orange/weiß (Letzteres für die Parkleuchten), außer in Italien, wo das ganze Glas weiß war. Die hinteren Blinkleuchten waren komplett rot anstelle von orange/rot (d.h. es handelte sich um eine Kombination von Blinker und Rücklicht), und es fanden sich hinten je zwei Reflektoren – am Heck und an der Stelle, wo die Rückleuchten in die Seiten herumgezogen waren. Das ersparte uns einen unansehnlichen, zweiten Seitenreflektor wie auf den Vorderkotflügeln. Die Rückfahrleuchten saßen ganz innen und besaßen weiße Gläser, außer in Frankreich, wo gelbe Gläser zum Einsatz kamen.

Die Modellschriftzüge der US-Ausführungen unterschieden sich vom Rest der Welt, denn dort wurde der 914 ausschließlich als Porsche verkauft. Auf der Motorhaube prunkte ein goldfarbener PORSCHE-Schriftzug, dafür fehlte am Heck das VW-Porsche-Zeichen. Stattdessen gab es dort nur ein goldenes 914 oder 914-6, je nach Motorisierung.

Um diesen Marketingtrick glaubwürdiger erscheinen zu lassen, zeigten sich die Radkappen der US-Versionen blank, ohne VW-Zeichen.Und wo das Lenkrad ansonsten das Wolfsburger Wappen zierte, fand sich in Amerika das Porsche-Markenzeichen.

Der 914/6

Road & Track brachte im Dezember 1969 einen interessanten Artikel. Darin hieß es: „Motor und Antrieb des 914/6 stammen direkt aus dem 1969er 911T (der für 1970 auf 2,2 Liter aufgebohrt wurde) und wird hier umgekehrt verbaut – die einzig nötigen Modifikationen betreffen das Differenzial. Die winzige Motorhaube über der Maschine schockierte mich. Doch die Porsche-Ingenieure Bott und Piëch, mit denen ich am Rande der IAA sprach, versicherten mir, dass die folgenden Arbeiten ohne große Mühe durch die offene Motorhaube durchgeführt werden könnten: Riemenwechsel, alle Einstellarbeiten, Kerzenwechsel und Ventileinstellung. Die Inspektionsintervalle betragen für beide Versionen 20.000 Kilometer – das gilt auch für den Kerzenwechsel. Ein weiterer Schritt zur Reduzierung der Unterhaltskosten, und ein Schritt in die richtige Richtung.

Ein sehr früher 914/6. Werkstests ergaben, dass der 911 auf Schnee wegen der besser belasteten Antriebsräder das bessere Auto war. Dennoch war der 914/6 im Winter jedem konventionellen Frontantriebsauto überlegen.

Der selbe 914/6. Gut zu sehen der Sechszylinder-Schriftzug und die scharfen Kanten der Nummernschild-Aussparung, die für das Modelljahr 1971 etwas runder gestaltet wurden.

In der Seitenansicht erscheint die Form des 914 in bestem Licht.

Die Thermik stellte wegen der Mittellage des Motors ein potenzielles Problem dar...doch Bott hält die erzielte Kühlung für ausreichend und ließ die Kühlgebläse an beiden Versionen, wie sie waren." Tatsächlich erhitzte sich der Sechszylinder im 914 etwas stärker, was jedoch keinen Anlass zur Besorgnis darstellt.

In dem Artikel heißt es weiter: „Es handelt sich hier um den ersten Großserien-Mittelmotorwagen – Kleinserienautos gab es schon, aber keines von ihnen wurde in mehr als 1000 Exemplaren jährlich gebaut -, der in der Welt der Zweisitzer eine Revolution auslösen könnte."

Ein großes Problem für die Marketingleute war, dass sich das Sechszylindermodell äußerlich praktisch überhaupt nicht von dem wesentlich billigeren Vierzylinder mit S-Paket unterschied. Selbst der Innenraum des 1,7-Liter-Modells war der teureren Variante – ohne Extras – überaus ähnlich. Es gab geringfügige Unterschiede, doch die konnte nur der Fachmann erspähen und betrafen vor allem Schalter und Instrumentierung: am 914 reichte der Drehzahlmesser von 0 bis 7000 Umdrehungen, der Tacho bis 120 Meilen (oder 200 km/h), am Sechszylinder reichten die Skalen von 800 bis 8000 Touren und bis 150 Meilen (oder 250 km/h). Das große Instrument links vom Drehzahlmesser enthielt die Tankuhr und beim 914/6 zusätzlich ein Ölthermometer. Der 914/6 kam mit einem dreistufigen Scheibenwischer und elektrischem Scheibenwascher, die über einen Hebel an der Lenksäule bedient wurden, während der 914 mit zweistufigen Wischern (Bedienung über einen Schalter am Armaturenbrett) und einem manuellen Scheibenwascher auskommen musste. Das Zündschloss des Sechszylinders saß links vom Lenkrad, das des kleineren Modells rechts da-

Der Porsche-Sechszylinder entsprach weitgehend der Maschine des 911T, Modelljahr 1969. Der 110 PS starke Zweiliter wog etwa 177 kg.

von. Der 914/6 besaß außerdem einen Handgashebel auf dem Mitteltunnel, der dem Vierzylinder komplett abging. Ferner besaß das kleinere Modell keinen Dachhimmel, und dem Sechszylinder fehlte der Luftausströmer in der Mitte vor der Windschutzscheibe.

Die Stoßstangen des 914 waren in Wagenfarbe lackiert (Chrom war für den 914 aufpreispflichtig und beim 914/6 serienmäßig). Auch die B-Säulen des 914 waren in Wagenfarbe gehalten und nur auf Wunsch mit Kunstleder verkleidet, wie sie es beim Sechszylinder grundsätzlich waren.

Ein großes Problem für die Marketingleute war, dass sich das Sechszylindermodell äußerlich praktisch überhaupt nicht von dem wesentlich billigeren Vierzylinder mit S-Paket unterschied. Selbst der Innenraum des 1,7-Liter-Modells war der teureren Variante – ohne Extras – überaus ähnlich.

Es gab geringfügige Unterschiede, doch die konnte nur der Fachmann erspähen und betrafen vor allem Schalter und Instrumentierung: am 914 reichte der Drehzahlmesser von 0 bis 7000 Umdrehungen, der Tacho bis 120 Meilen (oder 200 km/h), am Sechszylinder reichten die Skalen von 800 bis 8000 Touren und bis 150 Meilen (oder 250 km/h). Das große Instrument links vom Drehzahlmesser enthielt die Tankuhr und beim 914/6 zusätzlich ein Ölthermometer. Der 914/6 kam mit einem dreistufigen Scheibenwischer und elektrischem Scheibenwascher, die über einen Hebel an der Lenksäule bedient wurden, während der 914 mit zweistufigen Wischern (Bedienung über einen Schalter am Armaturenbrett) und einem manuellen Scheibenwascher auskommen musste. Das Zündschloss des Sechszylinders saß links vom Lenkrad, das des kleineren Modells rechts davon. Der 914/6 besaß außerdem einen Handgashebel auf dem Mitteltunnel, der dem Vierzylinder komplett abging. Ferner besaß das kleinere Modell keinen Dachhimmel, und dem Sechszylinder fehlte der Luftausströmer in der Mitte vor der Windschutzscheibe.

Die Stoßstangen des 914 waren in Wagenfarbe lackiert (Chrom war für den 914 aufpreispflichtig und beim 914/6 serienmäßig). Auch die B-Säulen des 914 waren in Wagenfarbe gehalten und nur auf Wunsch mit Kunstleder verkleidet, wie sie es beim Sechszylinder grundsätzlich waren.

Der Innenraum des 914/6, hier in Leder mit Stoff-Innenbahnen an den Sitzen. Der Beifahrersitz war nicht verstellbar und es gab nur Linkslenker-Versionen.

Das Armaturenbrett des 914/6. Die Instrumente informierten über (v.l.n.r.) Öltemperatur/Benzinstand, Drehzahl und Geschwindigkeit. Die Schalter am Armaturenbrett dienten der Betätigung (v.l.n.r.) von Scheinwerfern, Nebel-/Zusatzscheinwerfern (falls vorhanden), Warnblinkanlage, daneben das Zündschloss. Der linke Hebel an der Lenksäule kontrollierte Blinker und Fernlicht, der rechte die Scheibenwischer und -wascher. Rechts am Armaturenbrett der Schalter für die optionale Heckscheibenheizung und ein Zigarrenanzünder.

Auch die Räder unterschieden sich voneinander. Der 914 kam mit 4,5 J breiten VW-Stahlfelgen mit VW-Radkappen daher (auf Wunsch mit 5,5J-Felgen von ähnlichem Design). Am Sechszylinder gab es die Porsche 911-Stahlfelgen (üblicherweise silbern lackiert, auf Wunsch verchromt) mit Radkappen aus rostfreiem Stahl. Gegen Aufpreis erhielt man die bekannten fünfspeichigen Fuchs-Felgen vom 911 oder achtspeichige Mahle-Alufelgen. Letztere wogen nur etwa halb so viel wie die serienmäßigen 5,5J-Stahlfelgen.

Das Image des 914/6 wurde dadurch aufpoliert, dass es von ihm auch eine Rennversion gab – der 914/6 GT wurde im März 1970 homologiert. Weitere Informationen zu diesem Auto und seiner Renngeschichte finden Sie in Kapitel 5.

Der 914/6 in Großbritannien

Das erste Exemplar des 914/6, das seinen Weg nach England fand, war der AFN-Testwagen mit der Fahrgestellnummer 9140430059 und dem Kennzeichen DGU 914 H. Dieser Wagen wurde von *Motor*, *Autocar* und *Cars & Car Conversions* getestet und existiert noch heute, nachdem er einige Zeit dem Fan Dave Fagan gehört hatte.

Motor schrieb in seinem im August 1970 erschienenen Testbericht: „Die Sicht ist ausgezeichnet, insbesondere schräg nach hinten, was bei anderen Mittelmotorautos oft ein Schwachpunkt ist. Allerdings glauben wir, dass noch einige aerodynamische Feinarbeit nötig ist, um zugfreies Offenfahren zu gewährleisten, was diesem fortschrittlichen Fahrzeug gut anstünde. Das Cockpit ist für einen Sportwagen ausgesprochen geräumig und luftig... Das Targadach wird durch vier Verschlüsse fixiert und lässt sich von einer einzelnen Person leicht abnehmen. Verstaut wird es im hinteren Kofferraum. Die Schalter und Hebel sind superb angeordnet und umfassen einen Lenksäulenhebel für Licht und Blinker sowie einen weiteren für Scheibenwischer und -washer, die Hupe wird über einen Ring im Lenkrad betätigt. Das Radio ist ein bisschen schwer zu erreichen, vor allem, wenn man angeschnallt ist.

Das Fehlen von separaten Frischluftdüsen kam uns für eine Neuentwicklung recht bemerkenswert vor, aber immerhin strömt über die Lüftungsdüsen vor der Windschutzscheibe frische Luft ein. Obwohl die Verarbeitungsqualität insgesamt anständig ist, drückten einige Details den Qualitätseindruck unter den des 911. Dennoch entspricht das Finish eher Porsche- als VW-Maßstäben."

Als Höchstgeschwindigkeit wurden 193 km/h ermittelt, von 0 auf 100 km/h vergingen 8,8 Sekunden.

Autocar testete den VW-Porsche 914/6 im Januar 1971 und nannte einen Preis von 2660 Pfund netto oder 3484,57 Pfund inklusive Gurte und Steuern – 10 Pfund mehr, als *Motor* genannt hatte. Die Höchstgeschwindigkeit lag bei 201 km/h, bis 100 km/h vergingen 8,3 Sekunden. Trotz verbrauchstreibender Messfahrten lag der Verbrauch bei nur 12 Litern.

Als lieferbare Extras wurden genannt: Sportomatic, Alluräder mit Reifen der Größe 185 HR, heizbare Heckscheibe, Sitzkissen für den Mittelsitz, getönte Scheiben, Sonderlackierung nach Farbkarte oder nach Wunsch sowie diverse Radios.

Ein attraktives Bild vom 914/6...

Ganze vier 914/6 erhielten die Sportomatic, die Zahl der Vierzylinder mit diesem Getriebe lag womöglich noch darunter; obwohl es die Sportomatic-Ausführungen eigentlich also gar nicht gab, blieben sie doch im Lieferprogramm.

Insgesamt hielt *Autocar* den 914/6 für „ein teures, aber praktisches Mittelmotorcoupé". Das Targadach stellte für das englische Wetter einen guten Kompromiss dar; die Fahrleistungen waren sehr gut und der Benzinverbrauch akzeptabel. Der Motor war „bei Stadtfahrten recht laut", die Schaltung „hakelig". Fahrstabilität und Straßenlage wurden dagegen als überragend beurteilt.

Nachrichten aus den USA

Die Schaltung der frühen Modelle wurde in fast jedem US-Test moniert. *Road & Track* mag als Beispiel für alle dienen und formulierte die Kritik so: „Auch im 914/6 gibt es noch geringfügige Schaltprobleme; manchmal lässt sich aus dem ersten Gang schlecht hoch schalten, und wer dann kräftig drückt, läuft Gefahr, in den direkt darüber liegenden Rückwärtsgang zu geraten." Im gleichen Test registrierte man einen Verbrauch von 11 Litern. Die Gangreichweiten:
1.Gang bis 51 km/h (6200/min),
2.Gang bis 92 km/h (6200/min),
3.Gang bis 132 km/h (6200/min),
4.Gang bis 168 km/h (6200/min),
5.Gang bis 198 km/h (6000/min).

...der selbe 914/6 mit Mahle-Felgen zierte eine Serie von Werbeaufnahmen. Als Beiwerk fanden sich Frauen und Blüten...

In einem anderen Test eines amerikanischen Magazins wurden die folgenden Werte ermittelt:

	914	914/6
0-50 km/h	4,0 Sek.	3,3 Sek.
0-100 km/h	12,4 Sek.	8,4 Sek.
0-400 m	18,3 Sek.	16,0 Sek.

Das Modelljahr 1971

Im November 1970 kostete der Basis-914 11.955 DM, das beliebte S-Paket wurde mit 745 DM extra berechnet. Dagegen kostete der 914/6 volle 19.980 DM.

Deutschlands blühende Wirtschaft drückte aber auf den Dollarkurs, was die Autos in den USA verteuerte. Seit Produktionsbeginn des 914 war der Wert des Dollar stetig gefallen – das machte die Autos nicht nur in Amerika teuer, sondern drückte auch auf die dort eingefahrenen Profite. Ende 1970 war daher die finanzielle Situation von VW-Porsche derart prekär, dass man erwog,

den 914 aus dem Programm zu nehmen. Ein Verlust von 200 Millionen DM ließ sich nicht so ohne Weiteres weg stecken.

Nebel- oder Zusatzscheinwerfer wurden auf Wunsch in die Stoßstange eingebaut. Für die verschiedenen Märkte gab es verschiedene Ausführungen: weiße H3-Lampen für die meisten Länder, gelbe H3-Lampen für Frankreich, weiße H1-Lampen für Italien und für Amerika gab es Sonderbestimmungen zu beachten – Zusatzscheinwerfer waren verboten und Nebelleuchten durften keine Halogenlampen besitzen.

Dennoch blieb der 914 in Produktion und erfuhr für das Modelljahr 1971 einige leichte Änderungen. Für den Vier-

Der günstigste 911 – das 911T Coupé – nahm dem 914/6 einen großen Teil seines Marktes weg. Die Zukunft des 914 stand in Frage...

...aber das Modell blieb im Programm und wurde für 1971 leicht geändert. Dieser Testfahrer, der den Reifenverschleiß erprobt, nutzt eine der Verbesserungen – den Kleiderhaken rechts.

Alle Modelle erhielten eine überarbeitete Nummernschildaussparung in der Heckstoßstange, deren Ecken nun abgerundet waren, und einen Kleiderhaken auch auf der Beifahrerseite. Im Laufe des Modelljahres 1971 wurde der Beifahrersonnenblende ein kleiner Schminkspiegel spendiert.

Im Mai 1971 brachte Porsche das M471 Karosserie-/Felgenpaket. Damit konnten sich 914/6-Kunden die GT-Optik bestellen – für den 914/4 war das Paket nicht lieferbar. Es umfasste angeschweißte Kotflügelverbreiterungen aus Stahl, geschmiedete 6J x 15 Fuchs-Alufelgen (hinten mit Distanzscheiben), Fiberglasschweller und einen passenden Frontspoiler. Die Heckschürze entfiel laut Porsche.

Es gab keine Werks-Rechtslenker, da VW die Werkzeugkosten so rasch wie möglich wieder herein holen wollte. Ab 1971 bot die Firma Crayford in Westerham aber Rechtslenker-Umbauten für die 914-Modelle an. Mitte 1971 kostete die Umrüstung 631 Pfund, und klarerweise ließen sich wenige Kunden breitschlagen, auf diese Weise ein teu-

res Auto noch teurer zu machen (damals kostete ein Triumph Spitfire gerade einmal 1053 und ein TR6 1621 Pfund), doch sollen immerhin 30 bis 40 Wagen pro Jahr umgerüstet worden sein.

Der 914 verkaufte sich in den USA zwar besser als zuvor der 912, erfüllte jedoch die in ihn gesetzten Erwartungen nicht. Der Preis war sein größtes Manko. *British Car* schrieb im Juli 1971 über den 914: „Trotz der makellosen Straßenlage, der exzellenten Verarbeitungsqualität, dem hohen Komfort und seiner Einzigartigkeit gehört der 914 doch in die MGB-Klasse und ist keine Konkurrenz zu Jaguar E/XJ/BMW 2800, auf deren Preisniveau er liegt. Als Auto ist der 914 hervorragend, als Kauf stellt er eine Tragödie Wagnerschen Ausmaßes dar, die man nicht zu ernst nehmen kann."

Paul Horrell testete einen späten 1971er 914/6 für Supercar Classics im Jahre 1990. Da die Autotechnik in den vergangenen 20 Jahren deutlich fortgeschritten war (man denke nur an den Toyota MR 2 als Vertreter modernen Mittelmotorsportwagenbaus), ist die

zylinder konnte man nun ein Pedrini-Alurad der Größe 5,5J x 15 ordern. Am W80-Vierzylinder wurde die Ölwanne modifiziert und der 914 erhielt einen automatischen Scheibenwascher, der von der Luft im Reserverad gespeist wurde.

Eine weitere Änderung für das Modelljahr 1971 betraf die hintere Stoßstange und die nicht mehr so scharfkantig ausgeführte Nummernschild-Aussparung. Kam eine Nebelschlussleuchte zum Einsatz, so befand sie sich neben dem linken Lampengehäuse. Der Wagenheber wanderte im Laufe des Modelljahres 1972 an die Rückwand des Gepäckraumes.

*Der vordere Kofferraum eines 914/4,
Modelljahr 1971. Gut sichtbar der Antrieb
der Klappscheinwerfer.*

Lektüre durchaus interessant: „Lässt
man die Optik beiseite, erweist sich
der 914 als praktisch: die Sicht ist sehr
gut, der Innenraum geräumig und
man findet vorne einen großen, tiefen
und hinten einen weiteren, etwas fla-
cheren Gepäckraum. Das Auto ist auch
aerodynamisch, besitzt eine geringe
Stirnfläche und eine sehr flache Bodenwanne. Man sitzt aufrecht und hält
ein zeitgenössisches 911-Lenkrad in
Händen, das links näher ans Armaturenbrett heranreicht als rechts, da die
Lenksäule schräg angeordnet ist; die
stehenden Pedale zeigen den gleichen
leichten Versatz. Die Instrumente sind
wie im 911, links eine Kombination
(*weiter auf S. 58*)

*War das Targadach demontiert, musste es aus dem Heckkofferraum entfernt werden,
wenn man an das Gepäck wollte. Nur wenige Tester nahmen daran Anstoß.*

Der 914/6 als Pace Car in Daytona, Florida. Auf den Vorderkotflügeln sitzen die in den USA obligatorischen Markierungsleuchten. Viele 914 hatten auch hinten solche runden Leuchten, da die Heckleuchten aber seitlich herumreichten, ließen sie sich auch dort integrieren.

Ein 914/6 mit den auf Wunsch erhältlichen Fuchs-Schmiederädern, die es in zwei Größen gab:
5,5J x 14 (wie in diesem Fall) oder 6J x 15 mit dem neuen M471-Paket.

Ein 914 mit S-Paket im pittoresken Südfrankreich.

5,5 Jx15 große Pedrini-Alufelgen waren ab Modelljahr 1971 für den 914/4 lieferbar. Die Felgen besaßen Naben aus rostfreiem Stahl, und ab 1973 verfügten alle Alufelgen über vernickelte Schrauben.

Der selbe Vierzylinder in den Seealpen. Wie ein Tester schrieb: „Das Porsche-Geheimnis bestand schon immer in einer hervorragenden Mischung aller Elemente, die die ‚Leistung‘ im weitesten Sinne ausmachen, nicht nur in hohen PS-Zahlen."

Der 911 erhielt für 1972 einen vergrößerten 2,4-Liter-Motor, der den Abstand zum 914 noch größer machte.
Hier das Spitzenmodell, der 911S Targa.

aus Tankuhr und Ölthermometer, Drehzahlmesser in der Mitte und Tacho rechts, sowie viele Warnleuchten. Das Cockpit ist luftig, und man kann das Glasfiber-Targadach entfernen, was nicht schwer fällt. Heiße Tage stellen den Besitzer vor geringere Probleme als kalte, denn die Heizung arbeitet extrem drehzahl- und geschwindigkeitsabhängig. Die Karosserie verfügt über vier Versteifungsbleche, dennoch verwindet sie sich bei abgenommenem Dach ein wenig. Der Tank ist vor den Füßen der Insassen angeordnet und ist

ein Grund für die gute Gewichtsverteilung von 47:53 %. Bei einem Porsche-Motor ist die Langlebigkeit eingebaut... Die Maschine ist nicht giftig (die Verdichtung beträgt nur 8,6 : 1) und verschluckt sich nicht (die Benzinzufuhr ist reichlich), aber ein leichter Druck aufs Gaspedal erweckt den kleinen Sechszylinder zum Leben. Das Schaltgestänge, welches das Getriebe mit dem langen Schalthebel verbindet, muss die Porsche-Techniker vor einige Probleme gestellt haben, die sie nicht zur vollen Zufriedenheit gelöst

haben. Obwohl man schnell schalten kann, wenn man weiß, wohin man den Hebel bewegen muss, und die Synchronisation in Ordnung ist, schüttelt es den Hebel in den Gängen oder beim Schalten derart herum, dass er im dritten oder fünften Gang senkrecht stehen kann; auch sind die Ebenen des zweiten/dritten und vierten/fünften Ganges nur unzureichend definiert. Das geringe Gewicht macht die Lenkung leichtgängig, direkt und lässt sie viel Fahrbahnkontakt vermitteln. Man kommt mit leichten Lenkbewegungen

ge Radstand und die niedrige Sitzposition führen zu ungewöhnlich entspanntem Fahren bei mittleren Geschwindigkeiten. Natürlich schüttelt es einen bei langsamer Fahrt ein wenig durch und gibt sich der Wagen stets straff, aber auch größere Unebenheiten bringen ihn nicht vom Kurs ab. Es ist diese stabile, straffe Präzision, die den 914/6 so modern erscheinen lässt. Das Auto wiegt eine knappe Tonne und dürfte daher etwas schneller sein als ein gleich motorisierter 911. Die Maschine ist sehr geschmeidig, bietet aber wenig Drehmoment. Dafür lässt sie sich willig hochdrehen. Das lässt den 914/6 subjektiv schneller erscheinen als Vierzylinder-Sportwagen mit einem ähnlichen Leistungsgewicht (zum Beispiel der Lancia Monte Carlo), da man ohne Weiteres die kurze Übersetzung nutzen und den Motor immer bei Touren halten kann und sich Kurve um Kurve im dritten Gang durcheilen lässt, wo man bei einem Vierzylinder hoch schalten

würde. Doch der Motor bietet nicht nur Wohlklang und Geschmeidigkeit. Er ist auch, trotz der Nähe zu den Passagieren, erstaunlich leise. Dies ist ein feines Auto, und mit abgenommenem Dach und hoch gekurbelten Scheiben tritt kaum Zugluft auf."

Das Modelljahr 1972

Wie stets wurden die neuen Modelle im September vorgestellt; die 1972er-Modelle kamen also im Herbst 1971 auf den Markt. Es gab einige Detailverbesserungen und Modifikationen zur Einhaltung der jüngsten Abgasvorschriften.

Letztere verlangten nach dem neuen EA80-Vierzylinder, der auf dem früheren W80 aufbaute, über die selben Bohrungs- und Hubmaße, die selbe Verdichtung und sogar die selbe Leistung verfügte. Das Höchstdrehmoment lag allerdings einen Tick niedriger, fiel dafür aber schon bei geringerer Drehzahl an. Der Sechszylinder blieb unverändert.

Trotz der schmalen Reifen wurde die Straßenlage allgemein gelobt. Gut sichtbar die zweite Hupe (gegen Aufpreis) und die Position der Radioantenne. Das Werk lieferte Blaupunkt-, am 914/6 hin und wieder auch Becker-Radios.

aus und muss auch in engeren Kurven nicht übergreifen. Vor Kurven verlangen die Bremsen einen beherzten Fuß – es gibt keinen Bremsservo -, aber sie sind hervorragend modulierbar, standfest und wirken gleichmäßig. Schnelle Kurven, für die Mittelmotorautos besonders geeignet sind, werden delikat und schnell durchfahren. Auch wenn unser Exemplar ohne die auf Wunsch lieferbaren Stabilisatoren auskommen musste, zeigte es kaum Seitenneigung in den Kurven. Es klebte förmlich auf der Straße: auf den griffigen Straßen um Dartmoor erzielten wir hohe Querbeschleunigungen. Der günstige Schwerpunkt, die breiten Spurweiten, der lan-

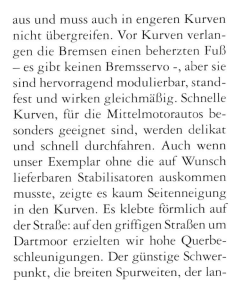

Änderungen an der Karosserie umfassten eine verkürzte Heckschürze, was die Aerodynamik verbesserte und sie bei winterlicher Rückwärtsfahrt nicht mehr als Schneeschaufel agieren ließ. Diese Maßnahme führte auch dem unteren Teil des Motors mehr Kühlluft zu, zumal gleichzeitig und zum selben Zweck zwei Leitbleche installiert wurden. Der Motor wurde besser vom Innenraum abgeschottet und, etwas später im Modelljahr, wanderte der neu konstruierte Wagenheber an eine andere Stelle im Heckkofferraum.

Die wichtigste Änderung für die 1972er-Modelle war der jetzt verstellbare Beifahrersitz, was die umstrittene Fußstütze überflüssig machte. Trotz deren Wegfall brachte Porsche unter dem Bodenteppich eine kleine Schaumstoffstütze an. Einige Monate später gab es anstelle der Statik- neue Automatikgurte.

Die Lenksäule war jetzt für alle Typen gleich und stammte von Volkswagen. Die Scheibenwischer wurden jetzt auch im 914, wie von Beginn an im 914/6, über einen Lenkstockhebel bedient. Im Gegenzug wanderte das Zündschloss im Sechszylinder vom Armaturenbrett links auf die rechte Seite der Lenksäule. Der Lenkradkranz des Sechszylinders bestand nun serienmäßig nicht mehr aus Hartgummi, sondern aus Leder (vorher ein Extra). An den äußeren Enden des Armaturenbretts fanden sich nun Frischluftdüsen, was zu einem et-was kleineren Handschuhfach und dem Entfall der Düsen in der Armaturenbrettmitte beim 914 führte. Geänderte Elektrik beließ die Scheinwerfer in Ruhelage, wenn man das Parklicht einschaltete, und der Innenrückspiegel war jetzt größer. Ein Dachhimmel war nun in allen Modellen vorhanden und das Kunstleder im Innenraum wies nicht mehr eine lederähnliche, glatte Struktur, sondern ein feines Muster auf.

Nach Porsche-Unterlagen besaß der 914 mit S-Paket 5.5J x 15-Felgen mit Reifen der Größe 165 SR 15 (die Reifen des Sechszylinders gehörten in die HR-Klasse), Chromstoßstangen, kunstlederbezogene B-Säulen, Zweiklangfanfare, Lederlenkrad und Veloursteppiche anstelle von Nadelfilz – das alles war beim Sechszylinder serienmäßig.

Der 911 bekam für das Modelljahr 1972 einen erneut größeren Motor mit 2341 ccm in drei Leistungsstufen – 130, 165 und 190 PS. Porsche hatte in den USA bereits die Zulassung für einen 914/6 mit dem 2,4-Liter-Motor erhalten, aber leider wurde daraus nichts mehr, da der Sechszylinder-914 bereits kurz vor dem endgültigen Aus stand.

Der Vierzylinder in den USA

Im Modelljahr 1972 kostete der 914 3755 Dollar. Ende 1969 war ein Dollar 4 Mark wert gewesen, Anfang 1972 waren es noch 3,20 DM. Da die Preise kaum erhöht wurden, fiel der Profit je Wagen für VW-Porsche geringer aus, und der 914/6 wurde aus diesem Grund nur noch auf Sonderwunsch in die USA geliefert. Nebenbei bemerkt, kostete ein 911T Targa damals 7985 Dollar (735 Dollar mehr als das Coupé), das Topmodell, der 911S Targa, war für 10.230 Dollar zu haben und für die Appearance Group des 914 musste man 300 Dollar zahlen. *Road & Track* bemerkte im Februar 1972: „Die Schaltung ist gegenüber den früheren 914, die wir fuhren, wesentlich verbessert; es scheint sich nicht um eine Neukonstruktion zu handeln, sondern um eine Frage der exakten Montage und Justierung. Überraschenderweise verfügt die 1972er-Maschine auch über die vorjährige Verdichtung von 8,2 : 1; Leistung und Drehmoment sind unverändert. Der Zündzeitpunkt hat sich geändert. Diese kleine Änderung macht sich in den Fahrleistungen nicht bemerkbar... Der Benzinverbrauch liegt allerdings gut 10 Prozent höher; wir maßen 10,4 Liter im Vergleich zu den 9,4 Litern vor zwei Jahren. Da der Motor jetzt aber Normalbenzin schluckt, sind die Betriebskosten etwa gleich hoch. Der geräumige, komfortable Innenraum zeigt sich für 1972 leicht überarbeitet, mit neuen Luftdüsen an den äußeren Enden des Armaturenbretts, die sehr effektiv sind. Scheibenwischer und -wascher werden jetzt über einen Lenkstockhebel bedient, wie im 911. Die Fußstütze für den Beifahrer gibt es nicht mehr, dafür ist der Beifahrersitz jetzt verstellbar."

In einem Bericht über das 1972er Porsche-Modellprogramm zeigte sich *Motor Trend* im Mai 1972 ziemlich ernst: „Als armer Verwandter oder hässliches Entlein abgetan, von den organisierten gusseisernen Porschefreunden links liegen gelassen und als Ergebnis einer Mesalliance zwischen Porsche und dem Volkswagenwerk verachtet, hat es der 914 in seinem kurzen Dasein immer schwer gehabt. Ursprünglich mit dem Sechszylinder aus dem 911T oder dem VW-Einspritzer aus dem 411 zu haben, fiel der 914/6 inzwischen aus dem offiziellen Lieferprogramm, unter anderem, weil er zu teuer war. Verschiedene Variationen zum Thema 914/6 wurden ins Auge gefasst und dann fallen gelassen, darunter eine spezielle GT-Version mit dem Motor des 911S und Kotflügelverbreiterungen (als Basismodell für SCCA-Rennen gedacht, bis der Club den Wagen wegen zu geringer Stückzahl nicht homologieren wollte) und auch eine Luxusversion

Die Produktion des 914/6 sank dramatisch. Wäre der Wagen günstiger gewesen oder hätte man ihn weiterentwickelt (größere Motoren waren in Planung), wäre aus dem 914/6 ein exzellentes Auto für Sportwagenfans geworden, aber leider wurde das Modell stattdessen gestrichen.

zum Ferrari-Preis, die daran scheiterte, dass die prognostizierten Verkaufszahlen viel zu gering waren." Dann kritisierte der Autor die Sitze, denn obwohl der Beifahrersitz mittlerweile verstell-

bar war (anders als bei den frühen Wagen), boten sie zu wenig Seitenhalt. Auch das Schaltschema mit dem ersten Gang links hinten missfiel den Testern; es handele sich um „eine verdammte Schweinerei, vor allem, da der 914 zu schwach ist, um im zweiten Gang aus niedrigem Tempo hochbeschleunigen zu können." Die Lage des ersten Ganges wurde des öfteren kritisiert, obwohl sie dem Autor dieser Zeilen behagt, der sie am Maserati Biturbo und später im Porsche 924/944 schätzen lernte. Wenigstens nannte das Blatt die Dinge beim Namen: allzu oft neigen die heutigen Fachblätter dazu, die weniger erfolgreichen Modelle großer Marken zu übersehen und nur über die Topmodelle zu berichten.

Neuigkeiten in der Firma

Denis Jenkinson, stets das Gras wachsen hörend, schrieb das Folgende im Juli 1972 in *MotorSport*: „Seit 1962 hat Porsche nach und nach ein Testzentrum

westlich von Stuttgart, bei Weissach, aufgebaut. Am Anfang stand ein runder Testkurs, wo man heimliche Erprobungsfahrten durchführen konnte, und im Laufe der Zeit kamen weitere Straßen mit allen Arten von Belägen dazu, so dass sich heute dort alle Typen von Automobilen erproben lassen, bis hin zum Can-Am-Rennwagen, der auf dem dortigen Kurs einen Schnitt von 190 km/h erreicht. Parallel zur Teststrecke wurden Prüflabors gebaut; in den letzten dreieinhalb Jahren wurde dieses Forschungs- und Entwicklungszentrum vollendet und steht nun in vollem Schwange. 500 Arbeiter und 80 Ingenieure sind dort beschäftigt. Es dauerte 10 Jahre, dreieinhalb davon sehr hektisch verlaufen, und gut und gerne 60 Millionen Mark, um dieses umfassende Technologiezentrum fertig zu stellen, in dem man imstande ist, sich dem Entwurf, dem Bau, der Entwicklung und der Erprobung von jeder Art von Technik, nicht nur im automobilen Sektor, zu widmen. Das Spektrum der Arbeiten reicht von Glasfiber-Prozesstechnik bis zur Entwicklung weltraumtauglicher Materialien, von kompletten Autos bis zu Reifen. Das Wachstum von Weissach fiel zusammen mit Porsches Attacke bei den Rennsportwagen, die durch die Marken-Weltmeisterschaft gekrönt wurde, welche der legendäre 917 einfuhr. Das Rennprogramm förderte den Ausbau von Weissach.

In der Leitung der Firma gab es einige Veränderungen; immer noch sind Dr. Ferry Porsche, seine Schwester Louise Piëch und deren Familien die Besitzer,

doch kümmern sie sich nur noch um die langfristige Planung und die Investitionspläne. Seit März 1972 obliegt die technische Leitung Dr. Ing. Ernst Fuhrmann und die finanzielle Seite Dipl.Kfm. Heinz Branitzki, diese beiden zeichnen nun für Porsches Zukunft verantwortlich. Fuhrmann arbeitete von 1947-56 als Konstrukteur bei Porsche und ging dann zu den Goetze-Werken, bis er 1971 zurück kehrte. Branitzki war bei Carl Zeiss, ehe er 1965 zu Porsche ging. Dr. Fuhrmann blickt in die Zukunft und sagt das Ende des Autos voraus, wie wir es heute kennen, insbesondere des Sportwagens und der kleinen Qualitätsmarken wie Porsche."

Diese letzte Bemerkung ist interessant und bezog sich vielleicht direkt auf den 914/6. Dessen Produktion wurde dramatisch zurück gefahren, um den Abverkauf zu beschleunigen: aus so geringen Stückzahlen ließ sich kein Gewinn erwirtschaften – die Kalkulation war von viel höheren Produktionszahlen ausgegangen und natürlich von einem stärkeren Dollar. Als der 914/6 dann entfiel, wechselten die letzten Exemplare nur gegen Aufgeld den Besitzer!

Am 1. März 1972 wurde Porsche neu organisiert und alle Familienmitglieder zogen sich zurück. Drei Gesellschaften – die Dr.Ing.h.c. F. Porsche KG in Zuffenhausen, die VW-Porsche VG in Ludwigsburg und die Porsche Konstruktion KG in Salzburg – waren unter dem Dach einer Holding vereint, der Porsche GmbH mit Sitz in Stuttgart. Ferry Porsche und Louise Piëch waren die Generaldirektoren, Ernst Fuhrmann

war für die Technik verantwortlich und Heinz Branitzki wurde zum Finanzchef ernannt. Verkaufschef wurde Lars Schmidt, Leiter der Entwicklung Helmuth Bott, Produktionschef H. Kurtz und K. Kalkbrenner Personaldirektor.

Die Reorganisation war vollendet, als Porsche zur Aktiengesellschaft wurde, zur Dr.Ing.h.c. F. Porsche AG. Nach dem Rückzug der Familie gründete Butzi Porsche die Firma Porsche Design – ein sehr erfolgreiches Unternehmen. Ferdinand Piëch ging zu Audi, wo er den Vierradantrieb vorantrieb und den erfolgreichen Audi Quattro forcierte. Nach nicht allzu langer Zeit sollte er VW-Chef werden...

Indessen standen auch bei Volkswagen tief greifende Veränderungen an. Kurt Lotz hörte im September 1971 auf, am 1. Oktober übernahm Rudolf Leiding (ein VW-Zögling) die Spitze. Auch 1971 hatte VW Geld verloren und wurde in punkto Stückzahlen 1972 von Opel überholt. Ein schwacher Trost, dass im gleichen Jahr der 914 zum meist verkauften deutschen Sportwagen avancierte – und damit den Opel GT ablöste.

Leiding war Produktionsexperte und favorisierte offensichtlich die neue technische Linie, die der K 70 vertrat. Dieser eigentlich von NSU konstruierte Wagen katapultierte VW in die Welt der wassergekühlten Fronttriebler. Der Entwurf kam als VW K 70 im Jahre 1971 auf den Markt, was das Ende der Marke NSU beschleunigte, und man musste sich unweigerlich fragen, welche Zukunft dem luftgekühlten VW-Porsche mit Mittelmotor nun beschieden war.

Rückblick

In *Wheels* hieß es im März 1970: „Was die individualistische Formgebung des Mittelmotor-Porsche und/oder -VW angeht, so hassen sie die einen, die anderen lieben sie, aber keinen lässt sie kalt. Als wir mit einem der allerersten 914 unterwegs waren – tatsächlich war es ein Vorserienexemplar – grüßte uns ein 911-Fahrer mit der Lichthupe. Mehr Reverenz kann ein Porsche nicht erweisen – zumal ein Porschefahrer lieber tot umfallen würde als einen VW zu grüßen. Kurz, die Porschefahrer halten den 914 für einen der Ihrigen, auch wenn das kleinere Modell einen VW-Vierzylinder und VW-Räder besitzt. Letztendlich geht die Maschine

Die Damen waren werksseitig nicht lieferbar, sonst hätte sich der Sechszylinder wohl besser verkauft. Die meisten 914/6 gehören zum Modelljahr 1970.

ja auch auf einen Entwurf von Prof. Porsche zurück, vielleicht sogar in höherem Maße als der Zweiliter-Sechszylindermotor."

Leider hat der Journalist da wohl etwas missverstanden – der 911-Fahrer muß wohl bemerkt haben, dass an dem 914, der ihm da entgegen kam, irgendwas nicht in Ordnung war und wollte lediglich warnen. Ob zu Recht oder zu Unrecht, die Porschefans akzeptierten den 914 nicht als echten Porsche, nur weil er den VW-Porsche-Schriftzug trug. Das mochte Arroganz oder sonst

was sein, aber es tat dem Verkauf nicht gut. Eine besondere Ironie, wo doch VW der Ausgangspunkt für den Porsche-Mythos gewesen war.

Das Auto erhielt bald den Spitznamen VolksPorsche (später, schlimmer noch, verkürzt zu VoPo), was die Marketingleute in Angst und Schrecken versetzte. Selbst in Amerika, wo es nirgends am Auto VW-Schriftzüge gab, waren die Fans gut genug darüber informiert, dass ihr Wagen alles andere als ein Stuttgarter Vollblut darstellte. Und dennoch so teuer war.

Der Sechszylinder allein wäre sein Geld wert gewesen, da er in dem Auto eine gute Figur abgab, doch der Vierzylinder machte dessen Marktchancen zunichte – der VG hätte klar sein müssen, dass die riesige Preisspanne, die zwischen dem 914 und dem 914/6 lag, für die teurere Variante tödlich sein musste, insbesondere, da sich die beiden Versionen optisch so wenig unterschieden. Nur wenige Leute – etwa auf der britischen Insel – wollten ein Auto kaufen, das so teuer war wie ein Jaguar E, aber VW-Schriftzüge trug – ein

Im 1973er Programm tauchte der 914/6 nicht mehr auf. Insgesamt wurden 3318 Einheiten hergestellt.

Ausblick auf das Modelljahr 1973

An die Stelle des ausgelaufenen Sechszylinders trat ein Zweiliter-Vierzylinder; um die verschärften US-Abgasnormen zu erfüllen, gab es für Amerika eine neue 1,7-Liter-Maschine. Neu war auch das Getriebe, das die Kritiker verstummen lassen sollte. Ansonsten waren jetzt mattschwarze Stoßstangen serienmäßig, was das Basismodell weniger nüchtern aussehen ließ; in den USA verunzierten Gummihörner die vordere Stoßstange und ein Chromeinsatz blieb gegen Aufpreis lieferbar; neue Alufelgen von Fuchs und Mahle standen ebenfalls im Programm.

Natürlich gab es noch weitere Änderungen, die im folgenden Kapitel näher erörtert werden sollen. Ob sie die Verkaufszahlen beflügeln würden, blieb abzuwarten...

Markenname, mit dem man damals viel eher Kleinwagen als Sportwagen verband. In Großbritannien, Australien und Japan kam das Problem hinzu, dass der Umbau zum Rechtslenker dreimal mehr kostete als die Differenz zwischen einem 914/6 und einem rechtsgelenkten 911T (mit stärkerem Motor) betrug. Trotz der Mittelmotorauslegung war die Straßenlage des 914 im Alltag nur marginal besser als beim 911.

Die Verkaufsziffern des 914/6 hatten zu Beginn viel versprechend ausgesehen, doch die Nachfrage ließ rasch nach. Im ersten Produktionsjahr liefen 2657 Einheiten vom Band – geplant gewesen waren 6000. Im zweiten Jahr wurde endgültig klar, dass die Sechszylinder-Version ein Verkaufsflop war; entsprechend wurde die Produktion im Modelljahr 1972 sehr stark zurück gefahren. Nur 229 Exemplare wurden gebaut. Die Verkäufe in England verliefen überaus enttäuschend. Von Januar 1970 bis Juni 1973 wurden lediglich 242 VW-Porsche importiert, darunter ganze 11 Sechszylinder.

4

Die späten Modelljahre

„Interessanterweise gesteht nun selbst Porsche ein, dass die ersten 914 dem Firmenstandard nicht entsprachen. Während das den Besitzern der frühen Exemplare wenig bringt, können die jetzigen Kunden sicher sein, dass Porsche inzwischen alles daran gesetzt hat, den Wagen weiter zu entwickeln. Jetzt behaupten manche, der 914 sei der beste Porsche aller Zeiten. Das mag übertrieben sein, doch der Preis ist zweifellos der attraktivste im Porsche-Programm."
Motor Trend, *April 1974.*

Mit dem Modelljahr 1973 änderte sich das 914-Angebot. Nachdem der 914/6 entfallen war, kam ein Zweiliter-Vierzylinder ins Programm, der die Lücke zwischen dem 914 (4) und dem günstigsten 911 schließen sollte. Und um der strengeren US-Abgasnorm gerecht zu werden, gab es für Amerika einen neuen 1,7-Liter-Motor.

Das Zweilitertriebwerk stellte eine vergrößerte Abwandlung des Vierzylinder-Boxers dar. Die von 90 auf 94 mm erhöhte Bohrung und der von 66 auf 71 mm verlängerte Hub ergaben ein Volumen von 1971 ccm – im Falle der Europa-Version gut genug für 100 PS und

Die letzte Version des 914. Einige wenige Exemplare besaßen Kunstlederverkleidungen an den A-Säulen und dem Windschutzscheibenrahmen.

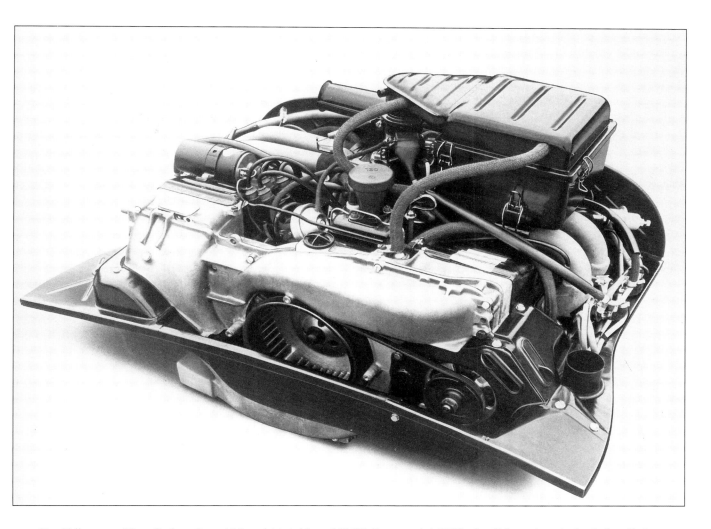

Der Volkswagen-Vierzylinder mit zwei Litern leistete bis zu 100 PS. Er wog mit 145 Kilo deutlich weniger als der Sechszylinder. Geänderte Motorlager und zusätzliches Dämmmaterial hielten das Geräuschniveau in Grenzen.

ein Drehmoment von 16 mkg; die Spitze lag bei 187 km/h und 100 km/h waren nach reichlich 9 Sekunden erreicht.

Die für die USA bestimmten Zweiliter verfügten über eine reduzierte Verdichtung (7,6 : 1 statt 8,0 : 1) und zeigten sich etwas leistungs- und drehmomentschwächer. Beide Varianten besaßen aber die Bosch D-Jetronic-Einspritzung und einige weitere Merkmale, die sie mit ihrem Ausgangsmotor gemein hatten.

Die USA-Motoren hörten auf die Bezeichnung GA95, die Variante für die übrigen Märkte hieß GB100. Beiden Modellen gemein war eine stärker isolierte Schottwand zwischen Motor- und Innenraum, um Hitze und Lärm vom Cockpit fern zu halten.

Um den neuen amerikanischen Bestimmungen zu genügen, musste sich der nun EB72 genannte 1,7-Liter für die USA einige Änderungen gefallen lassen. Die Verdichtung wurde von 8,2 : 1 auf 7,3 : 1 reduziert. Das wirkte sich natürlich negativ auf die Leistung aus, die von 80 auf 72 PS fiel. Auch das Drehmoment sank, von 13,6 mkg im alten EA auf 12,4 mkg im EB. In einem Test eines frühen Zweiliters für *Classic Cars* schrieb Brian Palmer im Jahre 1995: „Das Aussehen des 914 zieht mich merkwürdigerweise an, obwohl es nicht dem gängigen Schönheitsideal entspricht. Vielleicht müsste man ihn an der amerikanischen Westküste genießen, und nicht an einem nasskalten Herbsttag in Südengland."

Neu war, in Reaktion auf die frühere Kritik, auch das Getriebe vom Typ 914/12. Alle Modelle erhielten diese Ausführung mit stark vereinfachtem,

Vom Modelljahr 1973 bis zum Ende der Produktion kamen andere Fuchs-Alufelgen zum Einsatz. Hier ein 914-2.0.

*Die neue Maschine verlieh dem 914-2.0 res-
pektable Fahrleistungen. Die Spitze lag bei
192 km/h – nur unwesentlich langsamer als
der 914/6 gewesen war.*

Das selbe Auto am mörderischen Stilfser Joch in den italienischen Alpen.

Alle Modelle trugen jetzt mattschwarze Stoßstangen, Chromeinlagen blieben für die USA gegen Aufpreis erhältlich. Die Ziergitter um die Zusatzscheinwerfer bestanden nun, der Kosten wegen, aus Plastik.

aus weniger Teilen bestehendem Schaltgestänge. Aber auch dieses Getriebe wurde häufig schlecht beurteilt, obwohl *Motor Trend* sich dem Aggregat gegenüber freundlich eingestellt zeigte: „Porsche-Getriebe sind berühmt für ihre gute Schaltbarkeit; der 914S besitzt ein überarbeitetes Schaltgestänge, das die Schaltbarkeit verbessert. Die Gänge lassen sich jetzt exakt einlegen und man gewöhnt sich rasch an das Fünfgang-Schaltschema. Verschalten oder Hakeligkeit sollte bei diesem vollsynchronisierten Getriebe der Vergangenheit angehören."

Zwei neue Alufelgen von Fuchs und Mahle standen in der Aufpreisliste. Das geschmiedete 5,5J x 15-Fuchsrad ähnelte der gängigen Fuchsfelge und blieb bis zum Ende der 914-Produktion im Angebot. Die gegossene Mahle-Alufelge gleicher Größe sah der bisherigen Pedrini-Felge ähnlich, die sie ersetzte – auch das Mahle-Rad blieb

bis 1976 im Programm. Stabilisatoren für die Vorder- und Hinterachse waren ab sofort gegen Aufpreis lieferbar und verbesserten das Handling, ohne den Komfort zu schmälern.

Alle Modelle besaßen nun mattschwarze Stoßstangen; in den USA verfügte die vordere Einheit über Gummihörner, ebenso waren Chromeinlagen im Rahmen des Appearance Package lieferbar; im Rest der Welt waren sie als Einzelextra zu haben. Die Schriftzüge am Heck bestanden jetzt, passend zu den Stoßstangen, aus schwarzem Metall; in den USA lauteten sie auf „914" und „2.0" oder „1.7"; auf anderen Märkten fand sich das VW-Porsche-Markenzeichen und die Angabe der Motorgröße. Der PORSCHE-Schriftzug auf der Motorhaube bestand nicht mehr aus goldfarbenen, sondern aus verchromten Lettern und fand sich nach wie vor nur auf den USA-Versionen.

Mit den mattschwarzen Stoßstangen kamen schwarze Schriftzüge am Heck, deren Arrangement geändert wurde.
Hier ein Zweiliter. Deutlich zu erkennen die verkürzte Heckschürze.

Halogenscheinwerfer mit H4-Leuchten (statt der üblichen Tungstenleuchten) waren jetzt Teil des Sport-Pakets. In den USA waren weiterhin nur die gesetzlich vorgeschriebenen Sealed Beam-Scheinwerfer erhältlich, auch wenn sie jetzt etwas leuchtkräftiger waren. Halogenleuchten blieben in Amerika verboten. Für Frankreich bestimmte Autos besaßen nach wie vor, unabhängig von den verwendeten Birnen, gelbe Gläser.

Innen ersetzte eine konventionell arbeitende Handbremse die bisherige Ausführung. Der Hebel befand sich etwa an der gleichen Stelle wie bisher, war aber etwas tiefer angebracht, um das Ein- und Aussteigen zu erleichtern. Da der 914-2.0 schneller war als das kleinere Modell, erhielt er einen etwas optimistisch bis 250 km/h reichenden Tacho.

Nachdem die Bedienung der Scheibenwischer seit Modelljahr 1972 über einen Lenkstockhebel erfolgte, war ab 1973 eine Intervallschaltung erhältlich. Für den Zweiliter konnte man auch eine Mittelkonsole mit drei Anzeigeinstrumenten – Uhr, Ölthermometer und Voltmeter – ordern. Verzichtete man auf die Konsole, befand sich das Ölthermometer im linken Kombiinstrument, wie zuvor im 914/6.

Für die Ablagemulde zwischen den Sitzen gab es jetzt gegen Aufpreis einen klappbaren, gepolsterten Deckel, sofern man nicht den Mittelsitz bestellte. Um Kosten zu senken, ersetzte man die bisher verwendeten verchromten VW-Fensterkurbeln durch mattschwarze Einheiten, auch die inneren Türöffner waren nicht mehr verchromt, sondern schwarz. Der Werkzeugsatz schrumpfte von acht auf sechs Teile (der 914/6 hatte übrigens einen fünfzehnteiligen Satz besessen).

Den Händlern schickte Porsche eine Übersicht von Daten und Preisen der eigenen Produkte und der Konkurrenz. Im folgenden eine Auswahl aus dieser Liste, obwohl nicht alle wirklich

Im vorderen Kofferraum fand man den Tank, das Reserverad (samt Werkzeugsatz in der Mulde), die Scheibenwaschanlage und gegebenenfalls den Kompressor der Klimaanlage. Im Heckkofferraum befand sich der Wagenheber; beide Abteile waren mit grauem Teppich ausgekleidet.

Der 914 in Europa
Ende August 1972 erschien die Preisliste für das Modelljahr 1973. Details:

914 1.7	DM 13.360
914 2.0	DM 13.760
Komfort-Paket	DM 400
Sport-Paket	DM 650
Komfort-und Sportpaket	DM 990
Sonderlackierung lt. Liste	DM 480
Sonderlackierung nach Wunsch	DM 750
Extras:	
M102 Heizbare Heckscheibe	DM 105
M166 Sicherheitsgurt für M570	DM 55 (im Komfort-Paket nicht enthalten)
M285 Chromstoßstangen	DM 300
M404 Stabilisatoren	DM 300 (serienmäßig mit Sport-Paket)
M485 Alufelgen 5,5J x 15	DM 615 (im Sport-Paket enthalten)
M549 Dreipunkt-Sicherheitsgurte	DM 118
M568 Getönte Scheiben (außer Heckscheibe)	DM 288
M570 Dritter Sitz, mittig	DM 48 (in Komfort-Paket enthalten)

Marke	Modell	PS	Preis in DM
Porsche	914-1.7	80	13.360
Porsche	914-2.0	100	13.760
Porsche	911T	130	23.480 (Targa + 2220)
Porsche	911E	165	27.775 (Targa + 2220)
Porsche	911S	190	31.500 (Targa + 2220)
Porsche	Carrera RS	210	33.000
Alfa Romeo	GT 1600 J	109	14.490
Alfa Romeo	2000 GTV	131	16.790
Alfa Romeo	GTA Junior	100	18.950
Alfa Romeo	1600 Spider	109	14.490
Alfa Romeo	2000 Spider	131	16.790
BMW	3,0 CS	180	28.950
BMW	3,0 CSi	200	30.650
Fiat	Dino Coupé	180	29.500
Fiat	124 Spider	100	12.300
Jaguar	E-Type V12	272	36.360
Lancia	2000 HF	125	20.750
Lotus	Europa TC	106	19.314
Lotus	Elan +2S 130	126	24.642
Lotus	Elan Sprint	126	20.868
Matra	530 SX	75	11.690
Matra	530 LX	75	12.890
Mercedes	250 C	130	20.313
Mercedes	280 CE	185	22.977
Mercedes	350 SL	200	31.413
MG	MGB GT	95	13.990
MG	MGB	95	11.950
Opel	GT/J	90	10.990
Opel	GT	90	12.845
Triumph	GT 6	96	12.950
Triumph	TR 6	152	16.025
Triumph	Stag	147	23.890
Volvo	1800 E	124	21.900
Volvo	1800 ES	124	25.150

Ein neues Extra für den 2.0 war die Mittelkonsole. Oben eine Uhr, in der Mitte das Ölthermometer, unten ein Voltmeter. Im Bild der Konsolen-Prototyp in einem 72er-Modell.

zur direkten Konkurrenz hätten gezählt werden dürfen; wer ein Mercedes-Coupé in Erwägung zog, dürfte als Alternative wohl kaum an einem Mittelmotor-Porsche interessiert gewesen sein. Allerdings macht die Übersicht deutlich, dass der Lotus Europa, der in England zu günstigen Preisen überwiegend als Bausatz verkauft wurde, um die hohe Autosteuer zu umgehen, als komplettes Auto alles andere als billig war. In Amerika war der Lotus 1500 Dollar teurer als der 914-2.0, obwohl er langsamer war: Das Komfort-Paket umfasste Veloursteppiche, Sport-Lederlenkrad, Ledersäckchen am Schaltknauf, Doppelfanfare, Mittelkonsole (mit Voltmeter, Ölthermometer und Uhr), eine gepolsterte Mittelarmlehne mit Ablagefach und kunstlederverkleidete B-Säulen. Im Sport-Paket waren enthalten: geschmiedete Fuchs-Felgen, Stabilisato-

ren vorne und hinten sowie Halogenscheinwerfer. Demgegenüber umfasste die Appearance Group der US-Modelle folgende Ausstattungen: Vinyl an den B-Säulen, Zweiklangfanfare, Chromstoßstangen, Nebelleuchten, 5,5J x 15-Stahlfelgen mit Reifen 165 x 15, Leder-

lenkrad, Veloursteppiche, Mittelkonsole und die Mittelarmlehne mit Ablage. Das meiste davon war beim 2.0 ohnehin serienmäßig, der darüberhinaus auch die Fuchs-Felgen besaß.

Der 914-2.0

Im Januar 1973 besprach das amerikanische Magazin *Motor Trend* den 914S mit dem Zweiliter-Vierzylinder. Das Testexemplar verfügte über Mittelkonsole, Stabilisatoren, 165 SR 15-Reifen und 5,5 J-Alufelgen (welche die vordere Spur um zweieinhalb Zentimeter verbreiterten). Die Stabilisatoren (15 mm Durchmesser vorne, 16 mm hinten) und die Fuchs-Felgen waren bei den amerikanischen Zweilitern serienmäßig.

Die Beschleunigung von 0 auf 100 verkürzte sich von 12,5 auf 10,5 Sekunden und die Höchstgeschwindigkeit stieg um 5 auf 180 km/h. Da im Vergleich zum 1,7-Liter das Drehmoment statt 12,4 satte 15 mkg bei unveränderten 3500 Touren betrug, erwies sich der Wagen als elastischer. Der Benzinverbrauch lag aber etwa einen Liter höher.

Mit dem Entfall des Sechszylinders waren alle 914 deutlich billiger als der 911. Hauptmotiv der Werbung war: Spaß zu günstigen Preisen.

*Den Spaßfaktor betonten auch diese Werbe-
aufnahmen, geschossen in den Skiorten der
französischen Alpen. Die junge Generation
sollte angesprochen werden...*

Der 914-1.7 kostete 4499, der Zweiliter 5049 Dollar. Ein 911T Targa war
zur gleichen Zeit 8760 Dollar teuer. Die
Bezeichnung 914S wurde bald fallen
gelassen – das S wollte Porsche hier
nicht verwenden sehen – und stattdessen
die Bezeichnung 914-2.0 verwendet. Es
sei aber erwähnt, dass die Importeure in
Großbritannien und Australien den
914-2.0 als 914SC vermarkteten, wor-
an Porsche merkwürdigerweise keinen
Anstoß nahm.

Im März 1973 fand sich in *Motor Trend*
das Folgende zu lesen: „Ein Porsche will
gefahren werden; er wendet sich in erster
Linie an den echten Autofan. Der 914
wurde im Laufe seines kurzen Lebens
stark verfeinert und mit dem Zweilitermotor verdient das Auto jetzt auch den
Namen Porsche. Der Targa-Roadster besitzt ein abnehmbares Fiberglas-Dach,
das sich leicht handhaben und prakti-
scherweise im Heckkofferraum unter-

...was, zusammen mit den vielen Verbesserungen, dem 914 das beste Jahr seiner Geschichte brachte.

Im Laufe des Modelljahres 1973 tauschte man die Aluminium-Schwellerleisten gegen solche aus schwarzem Kunststoff aus, um die Produktionskosten weiter zu senken, aber es gab auch Modifikationen, um die Dächer besser abzudichten. Die Seitenscheiben und -scheibenführungen wurden leicht geändert, bald darauf gab es überarbeitete Dichtungen am Targadach. US-Ausführungen bekamen Stahlverstärkungen in den Türen, um den neuesten Seitenaufprallschutzbestimmungen zu genügen.

Dank der Einführung des 2.0 und den mannigfachen Verbesserungen sollte 1973 das erfolgreichste Modelljahr insgesamt werden; das ursprünglich einmal formulierte Produktionsziel von 30.000 Einheiten pro Jahr wurde zu 90% erfüllt. Umso erstaunlicher, als der Großteil davon in die USA ging und der Dollar inzwischen nur noch 2,50 DM wert war.

Das Modelljahr 1974

Im Herbst 1972 war der VW 412 als zwei- oder viertürige Limousine und als Kombi erschienen, zunächst noch mit dem Motor des 411 (Typ 4) ausgerüstet. Die schwereren Viertürer und Kombis erhielten für das Modelljahr 1974 einen auf 1795 ccm vergrößerten Motor (93 mm Bohrung und 66 mm Hub), den man im VW-Transporter wiederfand. Dieser Motor ersetzte im 914 den 1,7-Liter-Motor.

Die Maschine gab es in zwei Ausführungen, als EC76 für die USA und als AN85 für die übrigen, insbesondere europäischen Märkte. Die US-Version mit Bosch L-Jetronic-Einspritzung wurde von den Abgasvorschriften leider in der Leistung beschnitten. Etwas später als die Europa-Variante im

bringen lässt. Es könnte aber etwas besser verarbeitet sein. In sehr starkem Regen zeigten sich Undichtigkeiten an den Rändern, die Wasser eindringen und auf die Arme von Fahrer und Beifahrer tropfen ließen. Das Dach sitzt gut und klappert nicht, daher konnten wir keine Lecks entdecken – dennoch drang Wasser ein. Das Fazit zum 914S lässt sich einfach ziehen. Geben Sie ordentlich Gas, um seine Vorzüge zu erfahren. Ob der 914 nun ein Porsche oder ein VW ist, unserer Ansicht nach verbindet er die besten Elemente von beiden Firmen. Letztendlich hat ja auch der selbe Mensch den ersten Porsche und den ersten VW entworfen."

Road Test resümierte, dass die frühen 914 laut und lahm waren, undichte Dä-

cher und schlechte Schaltungen besaßen, dass man „dieser Probleme aber angenommen hat." Der große Schritt vorwärts beim 914 kam mit der Einführung des Zweilitermodells Anfang letzten Jahres, an dem sich seither nur der Preis geändert hat." Zusammenfassend hieß es: „Der 914 kann einerseits als Vertreter des kommenden Automobilkonzeptes, andererseits als heutiges Äquivalent zu älteren 911ern betrachtet werden, denen er im Preis entspricht. Wenn man den 914 objektiv würdigt – nämlich als sehr gute Kombination aus Leistung, Straßenlage, Sparsamkeit und Alltagstauglichkeit, alles Dinge, die man dem 911 zu seiner Zeit nicht nachsagen konnte -, dann sieht man die Dinge in der richtigen Perspektive."

Oben links: Im Modelljahr 1973 war Porsche in den USA mit diesen Anzeigenmotiven vertreten. Das Wetter: man betonte die sehr guten Fahreigenschaften des 914 unter allen Bedingungen. Die 73er US-Versionen besaßen vordere Stoßstangenhörner aus Gummi, auch wenn die Chromstoßstangen geordert wurden.

Oben rechts: Der Action-Porsche. Hier wurden die Fahrleistungen in den Mittelpunkt gestellt. Die amerikanischen Händler versahen die Autos oft mit „positiven" Porsche-Schriftzügen an den Flanken, d.h. der Schriftzug war in der selben Farbe gehalten wie der Zierstreifen. 1974 fanden „negative" Schriftzüge Verwendung.

Rechts: Der City-Porsche stellte die Sparsamkeit in den Vordergrund.

Noch ein US-914, zu erkennen an den Radkappen ohne VW-Emblem, dem Porsche-Schriftzug auf der Motorhaube und den vorderen Markierungsleuchten. Das Targadach besaß übrigens eine schwarze, strukturierte Beschichtung.

Die Änderungen für das Modelljahr 1974 betrafen in erster Linie die Motoren und Maßnahmen zur Senkung der Produktionskosten. Vorne der neue 914-1.8 mit den jüngsten VW-Felgen, hinten der Zweiliter.

Innenraum des 914 mit Türgriffen und Fensterkurbeln in Schwarz sowie dem gepolsterten Deckel des Ablagekastens zwischen den Sitzen.

Für das Modelljahr 1974 erhielten die US-Versionen auch hinten Gummi-Stoßstangenhörner. Das Kennzeichen stammt aus New Jersey.

Die 74er-Modelle des 911 entfernten sich mit ihren 2,7-Liter-Motoren noch weiter vom 914. Der 911 wurde ständig schneller und luxuriöser, die 914 dagegen immer langsamer und spartanischer.

Ein US-2.0 in voller Fahrt. Um eine solche Seitenneigung zu erreichen, musste man den 914 schon kräftig her nehmen.

Armaturenbrett des US-2.0, zu erkennen an dem Porsche-Wappen am Lenkrad – alle übrigen Märkte besaßen ein Lenkrad mit dem Wolfsburger Wappen.

November 1973 präsentiert, leistete der Motor nur 76 PS bei 4800 Umdrehungen – das war sogar noch weniger als der 1,7-Liter, trotz des gewachsenen Hubraumes und größerer Ventile. Auch das Drehmoment lag niedriger.

Der AN85 litt nicht unter solchem Leistungsmangel. Da die europäischen Kunden nicht durch solch magere PS-Zahlen abgeschreckt werden sollten, spendierte man dem 1,8-Liter hier zwei Weber-Doppelvergaser und eine weit höhere Verdichtung (8,6 : 1 statt 7,3 : 1 in den USA). Das ergab sehr viel lebhaftere 85 PS und 13,8 mkg Drehmoment.

Die VW-Felge stammte jetzt vom Käfer Cabrio/Jeans-Käfer/1303.

Eine letzte Ansicht des 74er 914-2.0 in US-Ausführung. Allein die Aluräder und die Chromstoßstangen kosteten über 500 Dollar.

Der Verkauf fiel ab, sodass man sich fragte, wie lange es den 914 noch geben würde...

Um den Verkauf anzukurbeln, gab es verschiedene Sondermodelle vom 914. Hier das G-Paket vom Januar 1974, Vorläufer von 914 GT und Limited Edition.

Das 5,5 J x 15-Rad ersetzte die früheren 4,5 J und 5,5 J großen VW-Felgen. Die Bremssättel wurden den nunmehr verwendeten dickeren Belägen angepasst; diese Ausführung blieb bis zum Produktionsende unverändert.

Aus Kostengründen bestanden die Schriftzüge am Heck jetzt aus schwarzem Kunststoff, ebenso die zuvor aus Leichtmetall gefertigten Scheibenwaschdüsen (die Wischer waren schon immer schwarz gewesen). Die Einfassungen der drei Hauptinstrumente bestanden jetzt statt aus Metall aus Kunstoff und wer anstelle des Serienlenkrades aus Hartgummi das Sportlenkrad orderte, erhielt statt des Lederkranzes einen aus Kunstleder.

Die Ausführungen ab Modelljahr 1974 lassen sich leicht daran erkennen, dass die Scheinwerferverkleidungen schwarz statt zuvor weiß gehalten waren; ebenso war der Haltering der Heckleuchten jetzt schwarz und nicht mehr verchromt ausgeführt. Der Tank wurde leicht modifiziert und die Lage des Einfüllstutzens verändert; aber noch immer musste zum Tanken die Fronthaube geöffnet werden. Beide Modelle hatten nun die bis 250 km/h reichende Tachoskala.

Der jüngsten Gesetzeslage entsprechend, erhielten die US-Modelle schwarze Gummi-Stoßstangenhörner auch hinten (Modelle für den Export nach Schweden zierte eine Sonderstoßstange vorne mit Scheinwerferwaschdüsen) sowie eine Gurt anlegen!-Warnlampe mit Zündsperre.

Als die jüngste Generation des 911 mit Ziehharmonika-Stoßstangen im September 1973 erschien, waren die Hubräume einmal mehr gewachsen, auf 2,7 Liter im Falle der Standardmodelle und auf 3 Liter in den Spitzenausführungen. Das entfernte den 911 noch weiter vom 914 in punkto Leistung und Klasse.

In Deutschland kostete der 1,8-Liter 13.990 DM, der Zweiliter 14.990 DM.

In den USA (Ostküste) war der 1.8 für 5400 Dollar zu haben – 650 Dollar weniger als bei einem 2.0. Für den günstigsten 911 mussten 9950 Dollar ausgegeben werden, für den Targa 10.800 Dollar.

Um angesichts des niedrigen Dollarkurses (der sich für die VG sehr nachteilig auswirkte) überhaupt Gewinne erwirtschaften zu können, mussten sich die US-Varianten Sparmaßnahmen gefallen lassen. So erhielten alle Modelle schwarze Stoßstangen und sowohl Mittelkonsole als auch Fuchs-Felgen mussten nun extra bezahlt werden (im Jahr zuvor waren Chromstoßstangen, Konsole und Fuchsräder beim US-2.0 noch Teil der Serienausstattung gewesen). Im Gegenzug hatten nun alle US-Modelle Veloursteppiche und die vinylbezogenen B-Säulen. Die Liste der Extras war nun in den USA genau so lang wie in Europa. Erhältlich waren 1974 Klimaanlage, Stabilisatoren, Bilstein-Stoßdämpfer, Radio, Alufelgen, Schmiederäder, Chromstoßstangen, heizbare Heckscheibe, Frontspoiler, getönte Scheiben und Metallic-Lakkierung. Das Appearance Group-Paket umfasste für 300 Dollar Doppelfanfare, Nebelleuchten, Lenkrad mit Kunstlederkranz, Mittelkonsole mit Sportinstrumenten und die Mittelarmstütze mit Ablagefach. Das Ausstattungspaket gab es bis zum Auslaufen der Produktion.

Der 914 profitierte von der Einstellung seines Hauptkonkurrenten, des Opel GT, von dem das letzte Exemplar – Nummer 103373 – im August 1973 vom Band lief; aber erst im Mai 1974 erreichte der 914 die 100.000er-Schallmauer. Der Matra 530 war der Übernahme seines Herstellers durch Chrysler-Simca zum Opfer gefallen. Nur 9609 Einheiten waren zwischen 1967 und 1973 entstanden. Wie der 914/6 errang der Matra zwar Sporterfolge, war jedoch ebenfalls viel teurer geworden als geplant (um gut 60 Prozent).

Dennoch gingen die Verkäufe zurück. Mike Lawrence schreibt in seinem Buch *A-Z of Sports Cars*: „Trotz schrecklichem Design und überhöhten Preisen verkaufte sich der 914 in einigen Märkten recht gut, in anderen dagegen eher mäßig, zum Beispiel in England. Der 914 SC (nur mit Linkslenkung) hatte einen Zweilitermotor und lief laut Werk 195 km/h, aber das änderte nichts an seinem Aussehen, am Preis oder an den VW-Markenemblemen." Von 1970 bis 1974 importierte AFN nur 85 Stück vom 914 nach England, wo die Preise nach und nach etwas gesenkt wurden, um den Verkauf anzukurbeln, was aber nichts brachte. Die meisten der heute in Großbritannien laufenden 914 wurden nach Produktionsende aus Amerika ins Land gebracht!

914 GT & Limited Edition

Auf dem Pariser Salon im Oktober 1973 hatte Karmann zwei 914 in auffälligen Lackierungen mit farblich abgesetzten Streifen ausgestellt. Auf deren Basis gab es im Frühjahr 1974 eine limitierte Sonderserie vom 914-2.0. Eigentlich sollte dieses Modell den Namen Can-Am tragen, um die Porsche-Erfolge in dieser Rennklasse in den Jahren 1972 und 1973 zu würdigen. Als Porsche sich aber 1974 wegen des geänderten Reglements aus dieser Serie zurückzog, ergab das keinen Sinn mehr. Stattdessen hieß der Wagen in Europa 914 GT, in Nordamerika 914 Limited Edition. Beiden Modellen gemein waren Mahle-Aluräder, Frontspoiler, Stabilisatoren und eine auffällige Lackierung, die sich auf verschiedene Weise beschreiben lässt – typisch siebziger Jahre, gelinde gesagt. Im Angebot stand Schwarz (sonst eine aufpreispflichtige Sonderfarbe) mit Stoßstangen, Schwellern, Abschlussblech, Rädern, Frontspoiler und Seitenstreifen in Gelb; alternativ gab es Hellelfenbein mit Grün oder Orange. Darüberhinaus zierten den Limited Edition andere Seitenstreifen mit „negativem" Porsche-

Der 914 GT mit farblich abgesetzten Stoßstangen, Schwellern, Frontspoiler und Mahle-Felgen. Der zusätzliche Seitenstreifen war am GT einfach, in den USA, wo das Modell als Limited Edition bekannt war, besaß er einen Porsche-Schriftzug.

Die Tage des luftgekühlten Volkswagens waren gezählt. Der 1303S, der bei der Österreichischen Alpenrallye 1973 einen zehnten Platz unter Tony Fall errungen hatte, war in Wolfsburg bereits ausgelaufen und blieb nur in einigen anderen Werken in geringen Stückzahlen in Produktion. Nach und nach fielen die luftgekühlten Fahrzeuge aus dem Programm; den Karmann-Ghia traf es 1974.

Schriftzug (d.h. der Schriftzug war in Wagenfarbe, nicht in der Kontrastfarbe des Streifens gehalten).

Das Ergebnis: die Modellpalette wurde bereichert, ohne dass man viel investieren musste. Der GT blieb nicht lange im Angebot, doch der 6670 Dollar teure Limited Edition stand bis 1976 in den Preislisten, obwohl insgesamt nur 1000 Stück aufgelegt wurden.

In den USA, wo einheimische Autos immer recht billig waren, hob das Preis-

Der 1974 vorgestellte, von Giugiaro gestylte Scirocco ersetzte nicht nur den Karmann-Ghia, sondern nahm auch dem 914 Kunden weg. Während der 914-1.8 im Hauptmarkt USA 6300 Dollar teuer war, kostete der kaum langsamere und gewiß hübschere Scirocco keine 5000 Dollar.

Hauptänderung für das Modelljahr 1975 waren die neuen Stoßstangen, die wegen der verschärften Crashtestnormen notwendig wurden. Die eingesetzten, normalerweise von Bosch stammenden Leuchten zeigten sich jetzt rechteckig; wieder ließen sich Nebel- oder Zusatzscheinwerfer ordern, beide mit H3-Lampen bestückt. Wer keine der Leuchten orderte, erhielt eine plane Stoßstange ohne Öffnungen, da die Hupe sich jetzt hinter der Frontschürze befand. Dieses Exemplar besitzt den aufpreispflichtigen Frontspoiler.

problem wieder sein hässliches Haupt. Im Juli 1974 stand in *Road & Track* zu lesen: „Der 914 galt als überteuert, als er 2000 bis 3000 Dollar weniger kostete als heute, was ihn nunmehr zu einem wahnsinnig überteuerten Auto macht; der 911, der etwa das Doppelte kostet, muss demnach in die Kategorie ‚skandalös überteuert' gehören."

Daran ließ sich nichts ändern – schließlich diktierte der Wechselkurs den Preis. Aus heutiger Sicht interessant ist ein Satz in dem Artikel, der sich mit der Zukunft des 914 befasste, da doch Volkswagen in den neuen Passat- und Scirocco-Modellen wassergekühlte Motoren verbaue. Bei Porsche arbeitete man bereits am 924; mehr zu diesem Modell weiter unten.

Neues bei VW

1974 musste Volkswagen Entlassungen vornehmen, trotz des Serienanlaufes des neuen Passat (in den USA als Dasher bekannt). VWs neue Frontantriebsgeneration (und die Audi-Modelle) retteten die Firma schließlich, aber einen Moment lang stand der Konzern auf der Kippe.

Nach Nordhoffs Tod gestaltete sich die Zusammenarbeit zwischen Porsche und VW nicht mehr so intim wie früher, und der 914 belastete die Partnerschaft schwer. Rudolf Leiding, ein altgedienter VW-Mann, löste Lotz im Oktober 1971 ab und entschied sich bald für die Entwicklung einer Modellpalette mit wassergekühlten Frontmotoren.

Im Juli 1974 endete die Karmann-Ghia-Produktion nach 360.000 Coupés und über 80.000 Cabriolets. Sein

Nachfolger stand in Gestalt des ungleich moderneren VW Scirocco parat, der in Wolfsburg im Frühling 1974 in Serie ging.

Der 412 sollte Ende 1974 entfallen. Passat, Scirocco und Golf (Letztere im Rahmen des Projektes EA337 von Giugiaro gestylt) verfügten sämtlich über quer eingebaute, wassergekühlte Reihenvierzylinder von 1471 ccm Hubraum. Der Scirocco war bald auch mit 1,6-Liter-Motor lieferbar, um seiner sportlichen Rolle besser gerecht werden zu können.

Wie Ferry Porsche in seiner Autobiographie festhielt: „Dieser vollständige Richtungswechsel bei VW stellte natürlich die Existenz der gemeinsamen Vertriebsfirma in Frage, deren Auflösung bereits von Mitgliedern des VW-Aufsichtsrates empfohlen worden war. Schließlich wurde ein entsprechender Vertrag am 8. Mai 1974 unterzeichnet. Wir erwarben die VW-Anteile und verlegten unsere Verkaufsabteilung in das VG-Gebäude nach Ludwigsburg."

Der Vertrag war rückwirkend zum 1. Januar 1974 gültig und beendete eine Partnerschaft, in der jede der beiden Parteien an verschiedenen Strängen zu ziehen schien. Porsche übernahm die volle Verantwortung für den 914, obwohl, einer Vertragsklausel zufolge, darüber nichts nach außen drang. Die Autos hießen (außer in den USA) weiterhin VW-Porsche und bis zur Produktionseinstellung fanden die VW-Motoren Verwendung. Einige Entwicklungsaufträge wurden durch VW storniert. Dennoch gaben Volkswagen

und Porsche ihre langjährigen Kontakte nicht völlig auf.

Das Zeitalter des Allradantriebs begann mit der Vorstellung des Audi Quattro im März 1980. Ferdinand Piëch, damals Technischer Leiter bei Audi, stand hinter dem Projekt und Ende 1977 war der erste Prototyp fertig gestellt worden. Der Quattro debütierte in der Rallyeweltmeisterschaft bei der Rallye Monte Carlo 1981 und verschaffte Audi 1982 bis 1984 die Dominanz in der Rallyeszene. Bereits 1974 hatte Ferry Porsche Volkswagen einen allradangetriebenen Passat schmackhaft zu machen versucht.

Das Modelljahr 1975

Eine hochinteressante Lektüre ergibt die im November 1974 publizierte, von *Road & Track* durchgeführte Umfrage unter 914-Besitzern. Diese zählten zu den fünf besten Eigenschaften ihres Autos: Straßenlage, Verbrauch, Komfort, Langstreckentauglichkeit und Zuverlässigkeit – alles Dinge, die in den Prospekten zu Recht angepriesen wurden.

An Nachteilen wurden am häufigsten genannt: zu geringe Leistung bei den kleineren Motoren (die zu Lebzeiten des 914 mehrfach verschärften Abgasnormen in den USA hatte die Leistungsfähigkeit der Motoren zunehmend stranguliert), Verarbeitungsqualität, die Schaltung, Zugänglichkeit des Motors (für Wartungsarbeiten) und ärgerliche Undichtigkeiten am Dach. Die entscheidende Frage lautete: Würden Sie den 914 noch einmal kaufen? Überwältigende 89 Prozent der Befragten ant-

Die neuen Stoßstangen taten dem Aussehen gut. Knapp 16.000 Exemplare sollten sie tragen, ehe die Produktion auslief. Das abgebildete Auto besitzt die seit dem Modelljahr 1973 erhältlichen Fuchs-Schmiederäder.

worteten mit Ja, der Rest mit einem entschiedenen Nein – keiner, der sich äußerte, zeigte sich in dieser Frage unentschlossen.

Daraus kann man nur den Schluss ziehen, dass die Besitzer trotz des hohen Preises mit ihrem Auto zufrieden waren. Wer seine Kaufentscheidung nicht nach der Form des 914 oder nach dem Hörensagen traf, sondern zum Händler ging und eine Probefahrt unternahm, den hatte Porsche für sich gewonnen.

Die Hauptveränderung für das Modelljahr 1975 betraf die neuen Stoßstangen. Diese sogenannten Sicherheitsstoßstangen waren aufgrund von verschärften Normen in den USA nötig geworden, taten aber dem Aussehen des Wagens durchaus gut. Die Stoßstangen der US-Versionen sahen von außen identisch aus, besaßen aber Dämpferelemente; Wagen für Kalifornien und Maryland besaßen außerdem kleine Hörner. Die auf Wunsch erhältlichen Nebel- oder Fernscheinwerfer waren jetzt rechteckig geformt, gegen Aufpreis konnte man einen Frontspoiler ordern. Aufgrund der neuen Stoßstangen saßen die hinteren Kennzeichenleuchten nunmehr neben dem Nummernschild und die Hupe hinter der Frontschürze.

Der Motor vom Typ GB100 blieb für die meisten Märkte unverändert. Wiederum strengere Abgasgrenzwerte verlangten für die USA nach einer neuen Variante des Zweiliters, den GC88. Die Bosch D-Jetronic-Einspritzung und die Grunddaten blieben unverändert, aber einige Maßnahmen zur Abgasreduzierung ließen die Maschine schwächer werden. Die Leistung lag jetzt bei 88 PS und das Drehmoment bei 14 mkg – nur knapp über dem alten 1,7-Liter.

Der 1,8-Liter-Motor vom Typ EC76 blieb weitgehend unverändert. Ein neuer Auspuff ließ die Nenndrehzahl um 100 Umdrehungen steigen und das Drehmoment verringerte sich auf 12,7 mkg. Die Ausführung für Kalifornien besaß einen Katalysator und weitere Abgastechnik, was die Herstellung verteuerte.

Das Kunstleder im Innenraum war nun gröber strukturiert; die Sitzbezüge gab es mit verschiedenen Karomustern. Entsprechend den jüngsten Ausführungen im VW-Programm kamen im 914 kräftigere schwarze Fensterkurbeln zum Einsatz.

Für Europa brachte man, um den Verkauf anzukurbeln, ein weiteres Sonder-modell, die sogenannte Silberserie auf Basis des 914-2.0 mit silberner Karosserie und einigen serienmäßigen Extras, darunter getönte Scheiben und Alufelgen.

In Deutschland blieb der Preis der Grundmodelle unverändert. In den USA war der Preis schon des nackten 914-1.8 wegen des schlechten Wechselkurses und der unabdingbaren Abgasentgiftungstechnik auf 6300 Dollar angeschwollen. Orderte man einige Extras, wurde der Wagen richtiggehend teuer.

Die Appearance Group für den US-Markt umfasste im Modelljahr 1975: Lenkrad mit Kunstlederkranz, Mittelkonsole (mit Uhr, Ölthermometer und Voltmeter), Kunstledersäcklein am Schalthebel, Zweiklangfanfare und Nebelscheinwerfer. Das parallel lieferbare Performance Group-Paket bot Mahle-Alufelgen, Stabilisatoren und Frontspoiler.

In Australien begann Modern Motor im April 1975 einen Artikel zum 914 SC mit dem Satz: „Als Badewanne auf Rädern oder hässlichster VW von allen verschrieen, handelt es sich beim VW-Porsche um eines jener Autos, die anfangs nur wenig Begeisterung hervorriefen – ein echter Spätstarter. In Australien nahm kaum jemand von dem Auto Notiz, da die wenigen Exemplare, die zu uns gelangten, mühsam auf Rechtslenkung umgerüstet werden mussten, was sie sehr teuer machte." Im Laufe der Zeit wuchs der Zweiliter den Testern aber doch ans Herz. Allerdings wurde der Import des 914 nach Australien zur gleichen Zeit eingestellt, da er nicht mehr den neuen dortigen Zulassungsbestimmungen entsprach.

Der Absatz geriet immer schwieriger, die Märkte schrumpften, verschwanden ganz oder konnten wegen gesetzlicher Vorschriften nur noch unter erheblichem Aufwand beliefert werden. Daher entschied man in Stuttgart, die Produktion erheblich herunter zu fahren und den 914 im Modelljahr 1976 ausschließlich in die USA zu liefern – das einzige Land, wo noch eine nennenswerte Nachfrage bestand und wenigstens bescheidene Gewinne zu erzielen waren.

Für das Modelljahr 1976 gab es praktisch keine Änderungen. Hier allerdings ein weiteres 75er-Modell mit serienmäßiger Frontschürze und Mahle-Alufelgen. Exemplare, die nach Kalifornien oder Maryland gingen, besaßen zusätzlich kleine Stoßstangenhörner an Front und Heck.

Leider wurde die Produktion des 914, als er ausgereift war, Anfang 1976 eingestellt; die letzten Exemplare wurden im Juni verkauft. Alle Exemplare des letzten Modelljahres trugen den Zweiliter und gingen in die USA.

Das letzte Jahr

Am 10. Februar 1975 übernahm Toni Schmücker, der 33 Jahre lang für Ford gearbeitet hatte, die VW-Spitze von Rudolf Leiding. Er verfolgte Leidings Modernisierungskurs weiter, und der 1,8-Liter-Boxer fand 1976 im VW-Programm keine Verwendung mehr, nachdem der Transporter (einziges Modell neben dem 914, wo er noch eingebaut worden war) jetzt einen Zweiliter-Motor erhielt, der dem des 914 recht ähnlich war. Daher stand 1976 nur noch der 914-2.0 mit der GC88-Maschine in der Preisliste.

Sports & GT Cars 1976 schrieb: „Als die Tortur der Abgasentgiftung den 1,7-Liter entkräftete, kamen zwei größere Motoren mit 1,8 und 2,0 Litern auf den Markt. Der 1,8-Liter war 1974 und 1975 erhältlich und ist jetzt entfallen. Macht aber nichts." Zum Targa-Dach: „Nach dem Lösen von vier Verschlüssen lässt sich das Glasfiberdach abnehmen. Es wird im hinteren Kofferraum verstaut, wo es, über dem Gepäck liegend, nur wenig Raum einnimmt. Für eine einzelne Person ist es etwas mühsam, das große Dach heraus zu heben und weg zu packen (oder aus dem Kofferraum zu holen und zu installieren), aber es ist durchaus möglich. Ohne Dach fährt es sich sehr angenehm, zumal das fest installierte Heckfenster Zugluft im Nackenbereich unterbindet."

Wie erwähnt, ging die ganze Produktion des Modelljahres 1976 (insgesamt 4075 Stück) in die Vereinigten Staaten. Einziger Unterschied zum Vorjahresmodell: die Schriftzüge am Heck bestanden jetzt aus schwarzer Klebefolie statt aus Kunststoff!

Der Zweiliter-914 kostete am Ende 7250 Dollar, der auferstandene 912E 10.845 Dollar. Beide waren nicht gerade billig, doch ein 911S Coupé war nicht unter 13.845 und der zugehörige Targa nicht unter 14.795 Dollar zu haben. *Road & Track* ermittelte für den 914-2.0 eine Höchstgeschwindigkeit von 172 km/h, eine Sprintzeit von 12,7 Sekunden und einen Verbrauch von 9,0 Litern auf 100 Kilometer.

Diese Zahlen lagen gerade einmal auf dem Niveau des ursprünglichen 914/4, worauf einige Journalisten herumritten. *Motor Trend* hatte den 914 zunächst als sehr gutmütiges Fahrzeug bezeichnet, um in späteren Testberichten die zwiespältige Natur von Mittelmotorfahrzeugen aufzuzeigen: jenseits des Grenzbereiches kam es zu exzessiven Drehern. Aber angesichts der hervorragenden Kurvenlage dürfte wohl kaum jemand in solche Bedrängnis kommen, und die Straßenlage wurde dennoch einmütig gelobt.

Im Frühling 1976 lief die Produktion endgültig aus, ohne dass darum ein großes Tamtam gemacht wurde. Die letzten Exemplare wurden im Juni verkauft. Obwohl manche den 914 für einen Flop halten, lagen die Produktionsziffern doch immerhin auf dem Niveau etwa des MGB, was nicht gerade einer Katastrophe gleichkommt. Trotz aller Probleme nimmt die 914-Reihe in der Geschichte des Hauses Porsche eine besondere Stellung ein als der einzige Mittelmotor-Straßensportwagen bis zur Einführung des Boxster.

5

DER 914 IM RENNSPORT

Porsche hatte einen Ruf, den es zu verteidigen galt. Man hatte die Markenweltmeisterschaft im Jahre 1969 gewonnen und im selben Mai den 917 in 25 Exemplaren aufgelegt.

Der erste Sieg eines 917 erfolgte bei einem kleineren Rennen in Zeltweg Ende 1969; eine überarbeitete Variante namens 917K beteiligte sich am 24-Stunden-Rennen von Daytona 1970, und von da an gab es kein Halten: der 917 dominierte die Rennsportszene vier Jahre lang.

Der Prototyp des 914/6 GT (Fahrgestellnummer 91404300019). Der Anfang Oktober 1969 fertig gestellte Wagen hatte ein Fahrgestell aus der frühen Serie und war einer von 12 Werks-GT. Weitere Exemplare trugen die Nummern 9140430983 und 9140431640 (dieses Auto lief in Langstreckenrennen).

Porsche versuchte, die Sporterfolge des GT für die Serienmodelle auszuschlachten – dieses Bild stammt aus dem Prospekt der 72er-Modelle und trägt die Überschrift: „Der Sportwagen mit Rennwagentechnik."

Um das Image des 914 zu fördern, beschloss das Management in Stuttgart, eine Rennversion zu entwickeln – Sporterfolge würden an der Verkaufsfront auch dem 914 zugute kommen, wie es ja bereits mit den früheren Porsche-Modellen der Fall gewesen war.

Der 914/6 GT

Bei diesem Fahrzeug handelte es sich offiziell um einen serienmäßigen 914/6 mit dem sogenannten R-Paket; um das zu unterstreichen, trugen alle 12 vom Werk präparierten Exemplare Fahrgestellnummern aus der laufenden 914/6-

1000-Kilometer-Rennen auf dem Nürburgring am 31. Mai 1970. Dieser 914/6 GT
unter Kaiser und Steckkönig belegte in seiner Klasse den dritten und insgesamt den
zwanzigsten Platz bei seiner Rennpremiere.

Björn Waldegaard unterwegs zum Sieg bei
der Österreichischen Alpenrallye 1970. Obwohl dieser unter österreichischer Flagge
angetretene GT den Sieg davontrug, waren
die Werksfahrer nicht so recht damit glück-
lich, dass sie bei der Monte den 914 fahren
sollten – auf Schnee lag der 911 besser.

Knapp hinter Nummer 93 kam dieser
914/6 GT unter Nolte und Christmann am
Nürburgring ins Ziel. Der bestplatzierte
914 beim 1000-Kilometer-Rennen belegte
Platz 19 (und den zweiten Rang in seiner
Klasse), gefahren von Robert Huhn und
Günther Schwarz; den Klassensieg erreichte
mit geringem Vorsprung ein 911L.

*Ein einsamer 914/6 GT war einer von 24
Porsche, die 1970 in Le Mans starteten.
Der Wagen wurde klar Klassensieger und
insgesamt erstaunlicher Sechster. Die
Rennversionen des 914 lagen fünf Zenti-
meter tiefer als die Serienvarianten.*

*Der für Sonauto startende 914 schaffte
über die 24 Stunden einen Schnitt von
159,73 km/h, ein hervorragender Wert,
und umso erstaunlicher, als der 914 das
Rennen mit dem ersten Satz Reifen und
Bremsbelägen beendete.*

*Der Sonauto-914 brillierte nicht nur in Le
Mans, sondern war auch in dem gleichna-
migen Film mit Steve McQueen zu sehen
– jeder Rennfan sollte ihn haben!*

Vorbereitungen für den Marathon de la Route 1970. Wie stets, wurden die Werksautos sehr aufmerksam von einer Schar handverlesener Mechaniker präpariert.

Serie. Da die Autos aber von der FIA für die GT-Sonderklasse homologiert waren, prägte sich für sie rasch die Bezeichnung 914/6 GT ein.

Neben den Werksautos gab es eine nicht unbeträchtliche Zahl von Kundenfahrzeugen, die entweder direkt im Werk oder unter Verwendung von Werksteilen von Privatleuten aufgebaut wurden. Vom 914/6 GT gab es drei Varianten: ein Basismodell für Rennsport und Straße, eine Rund-

Der Renn-GT im Detail: 100-Liter-Tank und Reserverad über dem Ölkühler...

100 Liter fassenden Tank, der zusammen mit dem Reserverad den Frontkofferraum ausfüllte.

Die Saison 1970

Die Targa Florio jenes Jahres gewannen Jo Siffert und Brian Redman in einem speziellen Leichtbau-908/3.

Auch zwei 914/6 GT (Fahrgestellnummern 9140430705 und 9140430709) nahmen an der Targa teil – allerdings nicht am Rennen, sondern nur am Training, um wertvolle Erkenntnisse für künftige Einsätze zu sammeln.

Im Rahmen des 1000-Kilometer-Rennens am Nürburgring am 31. Mai 1970 fand dann das internationale Debüt des 914/6 GT statt. Die vier Wagen belegten die Ränge zwei, drei, vier und fünf in der Zweiliter-GT-Klasse, was aber in der Berichterstattung von Elfords und Ahrens' Gesamtsieg in einem 908/3 überstrahlt wurde.

In Le Mans dominierte Porsche in jenem Jahr und errang den ersten von vielen Gesamtsiegen in dem legendären Vierundzwanzigstundenrennen an der Sarthe. Porsche-Veteran Hans Herrmann und Richard Attwood fuhren in ihrem unter österreichischer Flagge segelnden 917K den Sieg heraus, vor zwei weiteren Porsche. Die exzellente Leistung, die Guy Chasseuil und Claude Ballot-Lena in ihrem einsamen 914/6 ablieferten, wurde wiederum nicht so recht zur Kenntnis genommen. Doch sie gewannen mit ihrem für den französischen Porsche-Importeur Sonauto (unter Leitung des alten Porsche-Knappen Auguste

streckenausführung mit 220 PS und ein Rallyemodell, das etwa 160 PS leistete.

Billig waren diese Autos nicht. Der normale 914/6 kostete 19.980 DM (an sich schon eine stattliche Summe), der Basis-GT wurde für 24.480 DM verkauft und die Rennversion für 44.480 DM. Die Rallyeausführung lag mit 38.480 DM dazwischen; die Umrüstungen waren aber jeweils sehr umfassend.

Im Rennmodell arbeitete der Zweilitermotor aus dem Carrera 6 mit Weber-Vergasern und Doppelzündung. Die Grundmaße entsprachen dem Serienmodell (Bohrung 80 mm, Hub 66 mm, Hubraum 1991 ccm), doch Laufbuchsen, Zylinderköpfe, Nockenwellen, Kurbelwellen, Pleuel und Kolben unterschieden sich beträchtlich, auch lag die Verdichtung wesentlich höher. Die Kraftübertragung vollzog sich über den Antriebsstrang des 904.

Alle GT-Modelle verfügten über Bremsen aus dem 911, die Vorderbremsen am Rennmodell stammten aus dem 908. Für die Vorderachse wurden robustere Querlenker und diverse Stabilisatoren-Setups entwickelt. Spezielle Stoßdämpfer und eine überarbeitete Achsgeometrie komplettierten die Maßnahmen.

Geschmiedete Fuchs-Felgen, üblicherweise vorne sieben und hinten acht Zoll breit, ruhten unter Kotflügeln, die im Vergleich zur Serie um fünf Zentimeter verbreitert waren (mehr erlaubte das FIA-Reglement nicht). Die Rennversion besaß einen

Einer der drei Werks-GT beim Marathon de la Route 1970. Dies ist das Auto mit der Nummer 1 (Fahrgestellnummer 9140432541), das unter Gerard Larrousse, Claude Haldi und Helmut Marko den Sieg heraus fuhr.

Mit erhöhter Verdichtung von 10,3:1 leistete die aus dem Carrera 6 stammende, 1991 ccm große Maschine gesunde 220 PS bei 8000 Touren. Je nach Übersetzung liefen die Autos bis zu 250 km/h. Für den Marathon waren aber aufgrund des speziellen Reglements nur 160 PS möglich.

Wagen Nummer 2 (der in der Gruppe 4 startete) in den Boxen. Unter Ballot-Lena, Steckkönig und Koob belegte der Wagen den dritten Platz hinter seinen beiden Geschwistern, die aufgrund ihrer breiteren hinteren Kotflügel in der Gruppe 6 antraten.

Ein 914/6 mit den serienmäßigen Porsche-Stahlfelgen und Stuttgarter Nummer. Signalorange war seinerzeit eine beliebte Farbe.

Einer der überaus erfolgreichen 917K (in den Farben des John Wyer/Gulf-Teams) neben einem 914/6. Es gab eine ganze Reihe solcher Werbefotos, doch leider beflügelten die Erfolge des 917 nicht den Verkauf seines Mittelmotor-Cousins.

Diesen 914/8 erhielt Ferry Porsche zum sechzigsten Geburtstag geschenkt. Viele von der Serie abweichende Details und der Achtzylinder-Rennwagenmotor machten den Wagen bemerkenswert. Leider wurde nur ein weiteres Exemplar gebaut, das Ferdinand Piëch zu Testzwecken diente.

Beim Marathon de la Route 1970 siegten Gerard Larrousse und seine zwei Teamkollegen in diesem 914/6 GT vor zwei weiteren Werks-914/6 GT. Der GT brachte Porsche einige Erfolge auf der Rennstrecke ein.

*Ein 914 in seinem Element, der kurvenrei-
chen Landstraße. Der Mittelmotor sorgte für
hervorragende Straßen- und Kurvenlage.*

*Oben rechts: Das M471 Karosserie-/Räder-
paket wurde im Mai 1971 vorgestellt und
bot den Fans den Look des GT für die
Straße. Das Paket war nur für den Sechszylinder erhältlich.*

*Giugiaro entwarf dieses aufregende Sonder-
modell auf Basis des 914/6, den Tapiro. Das
auf dem Turiner Salon 1970 gezeigte Auto
verschwand bald darauf unter mysteriösen
Umständen und wurde erst vor einigen Jahren in den Bergen Spaniens in schlechtem
Zustand wieder aufgefunden. Es gab viele
Sondermodelle, die auf dem 914 aufbauten,
doch der Tapiro fand in der Öffentlichkeit
das größte Echo. In den neunziger Jahren
wurde der Wagen umfangreich restauriert.*

Der Innenraum des Vierzylinders (mit dem Wolfsburger Wappen am Lenkrad) aus dem Modelljahr 1972. Neu waren der jetzt verstellbare Beifahrersitz und Frischluftdüsen an den äußeren Enden des Armaturenbretts.

Leider nicht in das Modellprogramm 1972 schaffte es der 916. Ein Prototyp und zehn Vorserienmodelle mit 2,4- oder 2,7-Liter-Motoren aus dem 911 wurden hergestellt. Hier das erste Vorserienmodell in Gelb.

Nach dem Ende des 914/6 trat der 914-2.0 an dessen Stelle im 73er-Programm. Dieser Wagen verfügt über die optionalen 5,5J breiten VW-Stahlfelgen und die seit den 72er-Modellen verkürzte Heckschürze. Ab dem folgenden Modelljahr kamen andere VW-Stahlfelgen zum Einsatz.

Ein 73er mit den Fuchs-Felgen. Die weißen Scheinwerferverkleidungen wurden ab dem Folgejahr durch schwarze ersetzt.

Ein weiteres 73er-Modell, aufgenommen im September 1972. Die Wagenfarbe und die Mode sind typisch siebziger Jahre.

Die 73er-Modelle in St. Moritz.

Ein 914-2.0 fühlt sich wohl am Stilfser Joch.

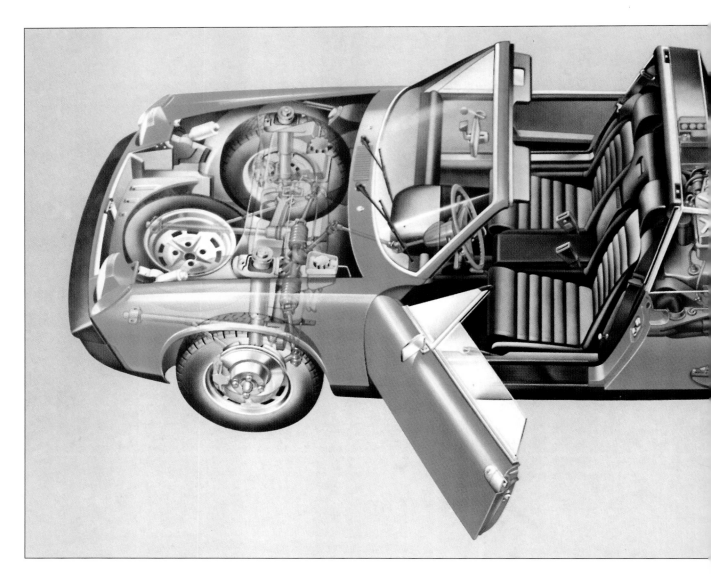

Diese Schnittzeichnung illustriert die Technik des 914 und dürfte hilfreich sein, die in Kapitel 8 genannten Karosserieteile und Problemzonen zu identifizieren.

*Dieser US-Zweiliter entstammt dem Modelljahr 1974.
Den Porsche-Schriftzug auf der Motorhaube gab es offiziell nur
an den USA-Versionen, ebenso die in die (ganz in Rot gehaltenen)
Rückleuchten integrierten seitlichen Markierungsleuchten und
ihre Gegenstücke auf den vorderen Kotflügeln.*

*Porsche ließ eine ganze Reihe sehr schöner
Werbeaufnahmen vom 914-2.0 anfertigen,
die jedoch kaum bekannt sind. Dagegen
waren einige der Fotos in den Prospekten
eher langweilig.*

Im Modelljahr 1974 kamen diese Stoßstangen letztmalig zum Einsatz. Chromstoßstangen waren gegen Aufpreis immer noch lieferbar. Der kleinere Vierzylinder wurde von 1,7 auf 1,8 Liter vergrößert, der Zweiliter blieb unverändert.

Eine Aufnahme aus der selben Serie wie das Bild auf der vorhergehenden Seite. Ein Dachgepäckträger war werksseitig nicht im Angebot.

Der 1974 eingeführte 914 GT. In Kontrast-farbe gehaltene Stoßstangen, Mahle-Felgen, Frontspoiler und Schweller zeichneten das Modell aus. In Amerika lautete die Bezeich-nung Limited Editon und die Seitenstreifen zierte ein Porsche-Schriftzug.

Ab Modelljahr 1975 erhielten alle Fahrzeuge diese neuen Sicherheits-Stoßstangen, die nicht nur den jüngsten Vorschriften entsprachen, sondern nach allgemeinem Konsens auch dem Aussehen des Wagens gut taten. Bis zum Ende der Fertigung Anfang 1976 gab es keine weiteren gravierenden Änderungen.

Veuillet) fahrenden 914 die GT-Klasse und belegten damit den sechsten Gesamtplatz; ihr Wagen war einer von 12 Porsche, die ins Ziel kamen (nicht weniger als 24 hatten am Start gestanden).

Der Marathon de la Route am Nürburgring sollte im August ein großes Ereignis für den 914/6 werden. An dem 86-Stunden-Rennen nahmen drei vom Werk eingesetzte, orangerote 914/6 GT teil (FG-Nummern 9140432541, 9140432542 und 9140432543, alle im März 1970 aufgebaut) und belegten am Ende unter Gerard Larrousse, Claude Ballot-Lena und Björn Waldegaard samt deren Beifahrern die Plätze eins, zwei und drei.

Ein doppelter Klassensieg am Österreichring im Oktober brachte Porsche weitere wertvolle Punkte für die GT-Meisterschaft – der erste 914/6 im Ziel (als Gesamt-Zwölfter) wurde von Günther Steckkönig und dem Prinzen von Hohenzollern pilotiert. Damit fiel die Internationale GT-Meisterschaft des Jahres 1970 mit großem Vorsprung an die Stuttgarter: Porsche hatte 57 Punkte, der Zweitplatzierte nur 36.

Das Finish des Marathon de la Route 1970: Nummer 1 vor Nummer 3 (Fahrgestellnummer 9140432543 mit Waldegaard/Andersson/Chasseuil am Lenkrad), dahinter vervollständigte die Nummer 2 den Porsche-Dreifachtriumph.

Die Saison 1971

Sein offizielles Rallyedebüt gab der 914/6 bei der Rallye Monte Carlo vom 22. bis 29. Januar 1971. (Zwar war bereits im Vorjahr ein 914 bei der RAC Rallye gelaufen, jedoch nur, um den Wagen für die prestigeträchtigste Rallye des Jahres fit zu ma-

chen.) Unter Claude Haldi und John Gretener belegte der 914/6 mit dem Kennzeichen S-X 7495 (Fahrgestellnummer 9140431732) den zwölften Platz, nur sechs Ränge hinter dem einzigen anderen Porsche, der ins Ziel kam – einem 911S in den Händen von Gerard Larrousse.

Das Werksteam für die Rallye Monte Carlo 1971 stellt sich in Zuffenhausen den Fotografen. Die Autos hatten einen 160 PS starken Motor aus dem 68er 911S und einen verstärkten Unterboden zum Schutz von Motor und Getriebe. Die hinteren Bremsen waren modifiziert, um in Spitzkehren den Einsatz der Handbremse zu erlauben.

Porsche ließ die selben Fahrer, die bei der 1970er Monte die Plätze eins, zwei und vier herausgefahren hatten – nämlich Björn Waldegaard, Gerard Larrousse und Ake Andersson -, bei der Rallye Monte Carlo des Folgejahres in drei 914/6 antreten (die in der letzten Novemberwoche fertiggestellt wurden). Die Konkurrenz war allerdings in Gestalt von sieben Renault-Alpine A110, fünf Lancia

Die Monte-Teilnehmer kämpften gegen widriges Wetter, für das der 911 mit seinem Extra-Gewicht auf den Antriebsrädern besser geeignet gewesen wäre...

...und dennoch wurden Björn Waldegaard und Hans Thorszelius ex aequo Dritte. Thorszelius (links) scheint erleichtert, dass alles vorbei ist!

Preisverleihung am Ende der Rallye Monte Carlo 1971. Im Jahr darauf traten Walde-gaard und Thorszelius wieder an – in einem 911S. Der 914 wurde vom Werk nicht mehr bei Rallyes eingesetzt.

R. Meaney, B. Bean und G. Wright errangen gemeinsam einen Klassensieg beim 24-Stun-den-Rennen von Daytona 1970. Im Folge-jahr wurden sie von ihren Markenkollegen J. Duval, B. Bailey und G. Nicholas geschlagen. Den Gesamtsieg holte sich ein Porsche 917.

Gerd Quist und Dietrich Krumm fuhren diesen 914/6 GT beim 1000-Kilometer-Rennen auf dem Nürburgring am 29./30. Mai 1971. Sie holten den Klassensieg und einen vierzehnten Gesamtrang.

Fulvia, drei Datsun 240Z und einigen Fiat-Abarth 124 sehr stark.

Nach dem Start in Warschau gelang Björn Waldegaard und Hans Thorszelius zwar ein Etappensieg, aber Ove Andersson (der spätere Chef des Toyota Team Europe) gewann am Ende die Rallye auf seiner Renault-Alpine, hinter ihm Therier und Andruet in weiteren Alpines. Waldegaard wurde Klassensieger und ex aequo-Gesamtdritter mit Wagen 9141430139, obgleich Porsche sich ein noch besseres Ergebnis gewünscht hatte, um den Absatz zu beflügeln. Leider fielen die anderen beiden 914/6 (Fahrgestellnummern 9141430140 und 9141430141) mit Getriebe- und Kupplungsproblemen aus. Ein angeklebter Stift am Kupplungsgestänge war abgefallen.

Danach erlebte der 914 keine weiteren Rallye-Einsätze, obwohl doch seine Mittelmotorkonstruktion für derartige Rennen ideal geeignet war. Offenbar war die Hinterachse überfordert, und auch Zweifel an der Verwindungssteifigkeit des Aufbaus wurden laut.

Die Rundstreckensaison begann mit den 24 Stunden von Daytona und einem Klassensieg (wie im Vorjahr) und siebten Gesamtrang für den 914/6 GT. Zwei Monate später konnten Locke/Everett einen weiteren Klassensieg einfahren, bei den 12 Stunden von Sebring.

Die IMSA-Serie (International Motor Sports Association) war gerade eben in den USA etabliert worden. Im Falle des 914/6 war für Porsche von den vier Kategorien der Serie die GTU-Klasse (Gran Turismo bis 2,5 Liter) interes-

sant. Den Klassensieg in Sebring hatte das Team von Peter Gregg herausgefahren, und Gregg beteiligte sich auch an der IMSA-Serie. Unterstützt von Porsche+Audi gewann Greggs 914/6 GT drei IMSA-Rennen und verbuchte Klassensiege bei den übrigen drei – das reichte für die IMSA GTU-Meisterschaft des Jahres 1971.

Auch 1971 gewann Porsche in Le Mans, diesmal mit den Fahrern Helmut Marko und Gijs van Lennep. Den beiden 914/6, die am Start standen, erging es allerdings nicht sehr gut. Nummer 46 vom Team Club Porsche Roman unter Sage und Keller fielen in der neunten Runde aus, als ein Pleuel brach. Der zweite 914/6 (heuer um 70 Kilo schwerer) startete für die Farben des Autohauses Max Moritz. Quist und Krumm hielten 15 Stunden lang durch, bis ein Getriebeschaden sie, an fünfzehnter Stelle liegend, aus dem Rennen warf. Dies war das letzte Mal, dass der 914 in Le Mans startete.

Bis zum Ende der Saison hatte der 914/6 GT wiederum eine große Zahl von Klassensiegen in Europa und den USA eingefahren. Gute Resultate gab es in Monza, Spa und am Österreichring. Zahlreiche Siege in kleineren Veranstaltungen verdankte Porsche dem Engagement von Privatleuten und kleineren Teams wie Strähle, Jürgensen und dem Max Moritz-Team.

Ab Mai 1971 lieferte Porsche das M471 Karosserie-/Felgenpaket, um 914/6-Eignern die Chance zu geben, einen optisch dem GT entsprechenden Sechszylinder auf der Straße zu

Einer von vielen 914/6 GT 1971 am Nürburgring. Porsche holte sich den Gesamtsieg (mit Vic Elford und Gerard Larrousse) und nicht weniger als fünf Klassensiege.

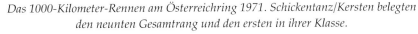

Das 1000-Kilometer-Rennen am Österreichring 1971. Schickentanz/Kersten belegten den neunten Gesamtrang und den ersten in ihrer Klasse.

bewegen. Im Paket enthalten waren Kotflügelverbreiterungen, 6 J x 15-Fuchs-Alufelgen, Glasfiberschweller und Frontspoiler. Mit dem Auslaufen des 914/6 zum Ende des Modelljahres 1972 entfiel auch das M471-Paket.

Die späteren Jahre

Abgesehen von gelegentlichen Klassensiegen bei kleineren Rennen und einigen Auftritten in der SCCA-Serie in den USA machte sich der 914 auf der Rennstrecke zunehmend rar. Die 1971er Targa Florio hatte einen 914 auf dem dreizehnten Gesamtrang und dem zweiten Platz in seiner Klasse gesehen, im Jahr darauf gelang Schmid

Christian Jürgensen, hier in Aktion zu sehen, tat sich am Steuer des 914/6 GT hervor und gründete später einen Rennstall. Er hat viel für den 914 geleistet.

und Florida ein Klassensieg und der neunte Platz insgesamt.

Die letzte je abgehaltene Targa Florio gewann Porsche im Jahre 1973, nicht mit einem der Rennsportwagen, sondern mit einem Werks-911 Carrera RS unter Herbert Müller und Gijs van Lennep. Am Rande fuhr auch ein ziemlich serienmäßiger 914 mit der Startnummer 127 mit, doch fiel er nicht weiter auf und trug sich nicht in die Siegerliste ein.

Übrigens nahm Porsche nicht an der 1972er Weltmeisterschaft teil, da das neue Dreiliter-Limit den Stuttgartern nicht behagte. Stattdessen wandte man sich der Can-Am-Serie zu, wo die Werkswagen an den Flanken nebeneinander Porsche- und Audi-Schriftzüge trugen. Porsche gewann die Serie im Jahre 1972 mit Leichtigkeit und wiederholte den Erfolg im Jahr darauf. Der 917 war mittlerweile bei über 1000 PS angelangt und gewann 1973 nicht weniger als acht Can-Am-Rennen. Für die Saison 1974 wurde das Regelwerk geändert und Porsche nahm an der Serie nicht mehr teil.

SCCA-Rennen in Amerika
Der Sports Car Club of America organisierte eine anspruchsvolle Rennserie, die zweifellos für die Sportwagenfabrikanten als Aushängeschild taugte. Erfolge im Rennsport zogen Erfolge an der Verkaufsfront nach sich und ein Meisterschaftstitel am Jahresende ließ die Händler sich die Hände reiben. Klar, dass Porsche auch in diese Serie einstieg.

Regionen die Klassenmeisterschaft errungen – Johnson in der Region Süd/Pazifik, Pete Harrison im Südosten, Chuck Dietrich in der Region Mitte und Bob Hindson im Mittelwesten.

Nicht weniger als neun 914/6 qualifizierten sich für das American Road Race of Champions (ARRC) im November 1970, wo die endgültigen Platzierungen in den jeweiligen Klassen ausgemacht wurden. Neben den erwähnten Regionalmeistern standen Forbes-Robinson, Noah, Gregg, Stephen Behr und William Stroh am Start. Hier, am Road Atlanta-Kurs, kamen die Porsche aber über die Ränge vier und fünf (unter Elliot Forbes-Robinson bzw. Alan Johnson) nicht hinaus. Es siegten mit klarem Abstand die Datsun Z der Teams BRE und Bob Sharp Racing.

Als der 914/6 GT Anfang 1971 in die USA gelangte, wurde er in die Klasse B

Zunächst hatte man darauf spekuliert, dass der 914/6 vom SCCA in die Klasse D und der 914/4 in Klasse E eingruppiert werden würde. Vom Vierzylinder erwartete man keine großen Erfolge, und erwartungsgemäß blieben sie auch aus, doch vom Sechszylinder erhoffte man sich einiges. Am Ende musste der 914/6 aber in der schnelleren und heftiger umkämpften Klasse C antreten.

1970 fuhren in der Klasse C Triumph (mit den Teams von Bob Tullius an der Ostküste und Kas Kastner im Westen), Datsun (Peter Brock und seine berühmten BRE-Datsuns) und Porsche. Porsche+Audi unterstützte drei Teams mit dem 914/6, wobei Josef Hoppen als Rennleiter fungierte. Der frühere Formel 1-Pilot Richie Ginther brachte zwei Wagen an den Start (unter Alan Johnson und Milt Minter), für das Bunker-Hansen Racing Team starteten Bob Hansen und Kendel Noah, das dritte Team schließlich bestand aus Peter Gregg und Pete Harrison. Alle Autos wurden sorgfältig präpariert und bekamen Auspuff und Nockenwellen vom Carrera 6, Kurbelwellen vom 911T und extra hergestellte Spezialkolben von Mahle.

Beim ersten Rennen, dem Phoenix National im März 1970, gelang Alan Johnson ein komfortabler Klassensieg. Das war keine Eintagsfliege, wie zeitgenössische Werbeplakate verkündeten, und am Ende der Saison hatten die Sechszylinder in vier der sieben SCCA-

120

Diese in den USA erschienene Anzeige wirbt mit den Erfolgen des werksunterstützen 914/6 in der SCCA-Klasse C.

eingruppiert. Übrigens genoss der GT keinerlei Unterstützung durch Porsche+Audi. Der Importeur unterstützte in der Saison 1971 überhaupt keine SCCA-Teams mehr. Dennoch verteidigte Bob Hindson seinen Titel in der Region Mittelwesten erfolgreich auf einem 914/6 und Don Parish holte sich den Titel in der Region Mitte. Das Finale beim ARRC verlief dagegen wieder enttäuschend, bester Porschefahrer war Parish auf dem siebten Platz.

Der Vierzylinder-Zweiliter startete in Klasse E. Um die Gelegenheit beim Schopf zu packen, stieg Porsche+Audi wieder in die Serie ein und ließ durch Richie Ginther einen Wagen präparieren. Dieser fuhr die letzten Rennen der Saison 1972 mit und qualifizierte sich sogar für das ARRC in Road Atlanta. Forbes-Robinson war schnellster im Training und gewann das wichtige Rennen mit großem Vorsprung. Später wurde das Auto aber aufgrund einer Kleinigkeit disqualifiziert und trat in der Saison 1973 nicht wieder an. Stattdessen diente er Josef Hoppen als Illustrationsobjekt für eine Broschüre, die Neulingen zeigen sollte, wie man einen SCCA-Rennwagen präpariert. Auch ein Preisgeld in Höhe von 10.000 Dollar wurde ausgesetzt.

1973 wurde das SCCA-Reglement um die Klasse Serienmäßige Sportwagen erweitert, doch dem Regelwerk gemäß durfte der 914S mit seinem Zweiliter-Vierzylinder nicht in dieser Kategorie fahren. *Car & Driver* organisierte freilich einen Vergleichstest von acht etwa gleich starken Sportwagen; um den Schnellsten unter diesen acht zu ermitteln, ließ die amerikanische Zeitschrift die Autos auf dem Ontario Motor Speedway antreten. Platz 1 belegte der Fiat 124 Sport mit einer Rundenzeit von 2:40,7 (Schnitt 117 km/h) vor dem Triumph GT 6 und dem Opel GT. Der Porsche 914 lag auf Rang 4 mit einer Zeit von 2:42,2 (Schnitt 115 km/h), mit gehörigem Abstand gefolgt vom MGB. Am langsamsten war der Karmann-Ghia mit einem Schnitt von gut 98 km/h.

Trotz der Unterstützung durch Porsche + Audi und der günstigen Eingruppierung in Klasse E war der 914-2.0 wenig erfolgreich. Einige Fahrer brachten ihn 1973 und 1974 in das Starterfeld des ARRC, spielten aber im Ergebnis keine Rolle.

Ein letzter Erfolg

Der letzte größere Erfolg für den 914 (wenigstens während seiner Produktionszeit) kam 1976. 1975 war der 914/4 des Garretson-Teams beim Training zum Pikes Peak-Bergrennen in den Rocky Mountains von Colorado zerstört worden. Im Jahr darauf kehrte das Team mit mehreren Autos auf Basis des 914/6 zurück.

Die stark getunten Wagen wurden auf 2368 ccm aufgebohrt und leisteten um die 200 PS, was den Garretson-Porsches im Training die Plätze zwei, drei und vier bescherte. Am Renntag, dem 4. Juli, holte Rick Mears für Garretson den Sieg und verfehlte den Streckenrekord nur um ein paar Sekunden. Von den anderen Autos des Teams landete nur Karry Kanawyer auf dem achten Platz.

Diese Autos geben noch heute bei historischen Rennen eine gute Figur ab, was es umso trauriger macht, dass der 914 trotz der anfänglich zahlreichen Siege und guten Ergebnisse im Rennsport niemals das Produktionsziel von 30.000 Autos pro Jahr erreichte.

6

914-SONDER-MODELLE

Der für Ferdinand Piëch 1969 gebaute 914/8. Die breiteren Klappscheinwerfer sehen eigentlich besser aus als die Serienversion, ebenso die satt gefüllten Radhäuser. Hinter dem Oval in der Mitte der Stoßstange verbarg sich ein Ölkühler.

Trotz der recht kurzen Produktionsdauer gab es einige Sondermodelle auf Basis des 914. Dabei handelte es sich zum einen um Prototypen ohne Aussicht auf eine Serienfertigung, zum anderen um ernsthafte Versuche, das Design oder die Leistungsfähigkeit des 914 zu verbessern.

Der 914/8

Der 914/8 (zuweilen auch 914S genannt, um die Dinge zu verkomplizieren) gehört zweifellos zu den schnellsten und seltensten Modellen, die Porsche baute. Nur zwei Prototypen wurden gefertigt, beide mit dem Dreiliter-Achtzylinder Typ 908/3. Im Jahre 1969 ent-

Das Triebwerk im Piëch-914/8 mit Bosch-Benzineinspritzung. Der verwendete Auspuff reduzierte die Leistung des Rennmotors etwas, doch 300 PS bei 7500 Umdrehungen waren dennoch vorhanden.

Das Heck des Ferry Porsche gewidmeten 914/8 barg einen Motor, der 260 PS bei 7700 Touren abgab. Diese Leistungsreduktion, die das Auto alltagstauglicher machte, erreichte man durch die Verwendung von Weber-Vergasern anstelle der Einspritzung, durch eine reduzierte Verdichtung und zahmere Nockenwellen.

Der zweite 914/8, für Ferry Porsche zu dessen sechzigstem Geburtstag gebaut. Das Stahldach war mit der Karosserie verschweißt, um die Steifigkeit zu erhöhen.

standen, ging der erste Wagen in die Hände Dr. Ferdinand Piëchs über (rot lackiert und 300 PS stark), der zweite wurde Ferry Porsche zum sechzigsten Geburtstag überreicht.

Das Piëch-Auto (Fahrgestellnummer 914111) wurde nur selten bewegt, aber

(obwohl eigentlich nur für Fahrten auf abgesperrten Pisten gedacht) hin und wieder auf der Autobahn gesichtet, wohl zu Testfahrten für die Entwicklung des Ferry Porsche gewidmeten Exemplars mit Straßenzulassung. Die Karosserie unterschied sich in einigen Details vom

Ein stolzer Ferry Porsche im September 1969 neben seinem Geschenk. Das Auto erhielt eine Stuttgarter Zulassung und Ferry fuhr gut 10.000 Kilometer mit dem Achtzylinder, bevor er ihn außer Dienst stellte.

Albrecht Graf Goertz (rechts) mit Rennfahrerlegende Hans Stuck und seinem bekanntesten Design – dem BMW 507.

Serien-914: die Kotflügel waren verbreitert, um Platz für breitere Reifen zu schaffen und in den breiteren Schlafaugen fanden sich Doppelscheinwerfer – die man während der Entwicklung auch für die Serie angedacht und verworfen hatte. Weitere Abweichungen bestanden in einem außenliegenden Tankverschluss, einer Frontschürze ohne Nebelscheinwerfer und anderen Blinkergläsern vorne und hinten.

Der Innenraum entsprach weitgehend dem serienmäßigen 914/6: einzige auffällige Änderungen betrafen die Sitze, die keine Kopfstützen aufwiesen, und einige zusätzliche Schalter (zur Bedienung der Zündung und des Feuerlöschsystems, das den gesamten vorderen Kofferraum in Beschlag nahm). Ferner findet sich am Instrumentenbrett Holzfolie und ein blendfreier Drehzahlmesser mit Skala bis 10.000 Umdrehungen.

Es war gar nicht so schwierig, wie man glauben könnte, den Achtzylinder unterzubringen, da er nur knapp 15 Zentimeter länger baut als der Sechszylinder; man gewann den nötigen Raum, indem man den Heckkofferraum beschnitt. Andere Stoßdämpfer und Federn kamen zum Einbau, um das zusätzliche Gewicht zu kompensieren. Der Motor, der 1968 in Monza zum ersten Einsatz gekommen war, war mit einem Fünfganggetriebe kombiniert und machte den 914/8 250 km/h schnell; 100 km/h waren nach etwa sechs Sekunden erreicht. Es war der gleiche Motor, der Porsche 1969 die Markenweltmeisterschaft bescherte.

Eine zeitgenössische Aufnahme des von Goertz gestylten Porsche Kombi von Eurostyle, der auf dem Turiner Salon 1970 gezeigt wurde.

Der von Giugiaro entworfene Tapiro stand wie der Eurostyle-Kombi auf dem Turiner Salon 1970 und baute wie dieser auf dem 914/6 auf. Leider hielt man bei Porsche das Auto für zu extrem – aber 3300 Stück wie vom 914/6 hätte man doch allemal absetzen können? Dieses Auto wäre den hohen Preis durchaus wert gewesen.

Das Ferry Porsche-Auto (Fahrgestellnummer 914006 nach den Porsche-Unterlagen) war silbern lackiert und sah dem Serien-914/6 sehr viel ähnlicher. Einige Details waren ihm allerdings eigen, so ein festes Stahldach mit integriertem Schiebedach, B-Säulen ohne Kunstlederbezug und eine plan schließende Tankklappe in der Motorhaube. Wie beim Piëch-Wagen saß ein Ölkühler unter der vorderen Stoßstange, aber dieses 260 PS starke Auto besaß eine Straßenzulassung und wurde häufig benutzt.

Die Entwicklungskosten für den 914/8 reichten in den sechsstelligen Bereich, aber die Autos bewiesen das enorme Potenzial, das im 914 steck-

te. Das machte den Wunsch nach einem stärkeren und praktischeren Serienmodell verständlich. Zum Glück existieren beide Wagen noch heute.

Der Goertz-Prototyp

Auf dem Turiner Salon im Jahre 1970 standen gleich zwei Entwürfe auf Basis des VW-Porsche 914/6: der eine war wohl zu extrem geformt, um etwas anderes als einen Prototyp darzustellen; der andere, entworfen von Albrecht Graf Goertz (einem freischaffenden Designer, der Klassiker wie den BMW 507 und den ersten Datsun 240Z entworfen hatte), schien durchaus in Serie gehen zu können.

Obwohl Technik und Innenraum unverändert vom Serienmodell stammten, entwarf Goertz ein vollständig anderes Kleid für den 914. Die Schnauze war flacher und spitzer, nicht unähnlich den zeitgenössischen Maseratis, geformt und die Dachlinie war weit nach hinten gezogen, was das Auto beinahe zu einem Sportkombi oder, wie ein Betrachter meinte, zu einem Kastenwagen machte – merkwürdigerweise hatte Goertz keine hinteren Seitenscheiben vorgesehen.

Der bei Eurostyle in Turin gebaute Goertz-Wagen kam beim Porsche-Management gut an (man hatte dem Grafen sogar geholfen, dem Auto eine Straßenzulassung zu besorgen), wurde aber vom Werk nicht in Serie gebracht. Zum

Einen wäre der Markt für das Auto wohl zu klein gewesen, zum Anderen hatte man sich, als es Zeit wurde, den Nachfolger des 914 zu planen, bereits gegen den Mittelmotor entschieden.

Goertz fuhr seinen Spezial-914/6 eine Zeit lang selbst, ehe er den Weg in eine deutsche Sammlung fand, wo er noch heute in gutem Zustand existiert.

Der Tapiro

Ganz in der Nähe des Goertz-Wagens stand auf dem Turiner Salon der Tapiro, entworfen von Giorgetto Giugiaro und von seiner in Turin beheimateten Firma Italdesign auf die Räder gestellt. Die Form des Tapiro war eng mit derjenigen des zuvor entstandenen De Tomaso Mangusta verwandt. Beim Tapiro handele es sich, ließen die Italiener verlauten, um ein mythisches Tier, das sich von Träumen ernähre.

Mit mutwillig extrem gestylten Türen und Hauben, war der Tapiro, wenigstens in den Augen von Italdesign, durchaus im Hinblick auf eine mögliche Serienfertigung entworfen worden. Der Radstand entsprach dem 914/6, Höhe und Breite waren 10 cm geringer und die Länge wuchs um 8 cm.

Die Türen und Motorhaubenhälften öffneten nach Flügeltürenmanier und waren an einem Stahlrahmen angeschlagen. Die aggressiven Linien zeigten manch bemerkenswertes Detail, zum Beispiel abgerundete Dachkanten und überhaupt eine günstige Aerodynamik. Das Rückgrat, das die Türen und Heckhauben trug, bildete mit dem Überrollbügel hinter den Türen eine kreuzförmige Struktur.

Der Frontkofferraum war so flach, dass darin gerade einmal das Reserverad und der Antrieb der Klappscheinwerfer untergebracht werden konnten, aber die Front sah fantastisch aus.

Die groß dimensionierten Glasflächen ließen den Innenraum hell und luftig erscheinen, boten aber auch gute Sichtverhältnisse, was in Sportwagen eher die Ausnahme als die Regel ist. Das geschmackvolle, mit viel dunkelbraunem Leder geschmückte Cockpit besaß einen überdimensionierten Drehzahlmesser, wie ihn Giugiaro später auch der hübschen Alfetta GT spendierte.

Vorne fanden sich Felgen der Größe 8 J x 15, hinten zwei Zoll breitere Einheiten. Bemerkenswert auch die verstellbaren Stoßdämpfer, die den Komfort erhöhten. Die Tuningfirma Bonomelli vergrößerte den Sechszylindermotor und brachte ihn auf Trab. Das 2,4 Liter große Aggregat leistete 220 PS bei 7800 Umdrehungen, was den Tapiro gut unterwegs sein ließ: die Spitze soll bei 230 km/h gelegen haben.

Zwar konnte man Porsche nicht gerade eine erzkonservative Firma nennen, doch der Tapiro war denn doch etwas zu modern, um für eine Serienfertigung in Betracht zu kommen. Der Wagen wurde auf einigen Autosalons gezeigt und verschwand dann für viele Jahre in der Versenkung. Heute befindet sich der Tapiro in guten Händen und soll demnächst komplett restauriert werden.

Die Murene

Im Herbst 1970 präsentierte sich auf dem Pariser Salon ein weiterer Prototyp. Auf dem Stand der Firma Heuliez (eines nahe Paris beheimateten Karosseriebauers) war die Murene zu sehen, deren Entwurf von dem recht bekannten freischaffenden Designer Jacques Cooper stammte.

Heuliez war für seine hochwertigen Nutzfahrzeugaufbauten und Karosserieumbauten bekannt, und so überrascht es nicht, mit welcher Professionalität man dort an die Murene heran ging. Aus Coopers Entwurf wurde ein 1:1-Modell entwickelt und binnen dreier Monate war der fahrtüchtige Prototyp auf Basis des 914/6 fertig.

Die Murene übernahm das Interieur des 914 zu großen Teilen. Die zweifarbig lackierte Karosserie entfernte sich freilich sehr weit von der Serie; man verzichtete auf Stoßstangen aus Gründen der Eleganz, am Heck fand sich ein separater, abschließbarer Kofferraumdeckel; darüberhinaus ließ sich die gesamte Heckpartie hochklappen, um den Motor gut erreichbar zu machen.

Leider ging auch die Murene nie in Serie, weil sie im Grunde zu spät kam – der Nachfolger des 914 befand sich schon in der Entwicklung und bei Porsche hatte man sich vom Mittelmotorkonzept verabschiedet.

Der Hispano-Aleman

Der zuerst beim Genfer Salon im März 1971 auf dem Frua-Stand gezeigte Hispano-Aleman fiel einem unglückseligen Streit zwischen sei-

nem Designer und dessen Auftraggeber zum Opfer.

Verne Ben Heidrich war der spanische Porsche-Importeur und beauftragte Pietro Frua mit Entwurf und Bau dieses auf dem 914/6 basierenden Autos. Über Monate arbeiteten Heidrich und Frua eng zusammen, um mit einem Aufsehen erregenden Entwurf zu überraschen, der dennoch erkennbar von Frua stammte. Das wohlproportionierte Keilform-Coupé sah sehr modern aus, wenngleich es den typischen Traumwagenlinien der frühen Siebziger folgte. Eine Zeitschrift bezeichnete den Hispano-Aleman als „eines der schönsten jemals entworfenen Mittelmotorcoupés."

Heidrich plante eine Kleinserie und einen Preis von etwa 35.000 DM pro Auto – etwa soviel kostete in Deutschland damals ein Jaguar E. Problematisch wurde die Sache erst, als Heidrich vorschlug, dass Porsche es freistünde, das Auto selbst zu produzieren – und sich Stuttgart durchaus interessiert zeigte.

Frua wollte das auf keinen Fall hinnehmen, wohl weil er fürchtete, den Auftrag los zu sein, falls Porsche die Produktion selbst übernehmen sollte. Nach dem Genfer Salon beschlagnahmte der Schweizer Zoll das Coupé. Erst 1976 war man sich juristisch einig. Am Ende erhielt Heidrich das Auto, aber zu diesem Zeitpunkt waren die Tage des 914 schon vorbei.

Obgleich das Projekt Hispano-Aleman scheiterte, baute Heidrich später in kleiner Auflage Autos – eine BMW-

Die hübsche Form des Hispano-Aleman versetzte alle Betrachter in Entzücken, doch leider kam es nie zu einer Serienproduktion, da Jahre über einem Rechtsstreit vergingen, wer das Urheberrecht am Design habe.

328-Replika und einen kleinen Sportwagen, den er selbst entworfen hatte.

Der 916

Eine Sonderausführung, die es beinahe bis zur Serie schaffte, und von der sogar zehn Vorserienexemplare angefertigt wurde, war der 916 – streng genommen ein 914/6 des Modelljahres 1971 mit größeren Motoren aus den zeitgenössischen 911ern.

Vom 916 hieß es in *Road & Track*: „Seit der 914 und der 914/6 auf dem

Markt sind, kursierten Gerüchte, dass das umstrittene Styling abgeändert werden würde. Einzelstücke waren auf den verschiedenen Autosalons in Europa zu sehen und Gerüchte machten die Runde, dass ein neues Auto auf Basis des 914 kommen sollte. Das erste Anzeichen aus dem Hause Porsche dafür, dass da etwas in der Mache war, registrierte man im letzten August, als ein abgewandelter 914 im Werk gesichtet wurde. Es hieß, dass dieses Auto und einige ähnliche Ausführungen „Sonderanfertigungen

Von allen Sonderausführungen kam der 916 einer Serienproduktion am nächsten, doch auch dieses Modell blieb an der letzten Hürde hängen. Hier Fahrgestellnummer 9142330011, das erste von 10 Vorserienmodellen.

für den Importeur in Paris" seien. Anfang Oktober gingen dann Fotos von diesem 916 genannten Modell an die amerikanischen Händler. Der 916 war kein retuschierter 914 oder 914/6, der in der bisherigen Preisklasse von 3400 bis 6000 Dollar angesiedelt gewesen wäre, sondern vielmehr ein besonders üppig ausgestatteter 914/6, der wohl 14.000 bis 15.000 Dollar gekostet hätte – in anderen Worten, ein 914/6 zum Preis eines Ferrari Dino."

Die Entwicklungsarbeiten an diesem Modell leitete Ferdinand Piëch und wurden Anfang 1971 aufgenommen, damit der Wagen zum Modelljahr 1972 zur Verfügung stünde. Der Produktionsplanung zufolge hätten die meisten Exemplare die Maschine des 911S erhalten, zum geringeren Teil wäre der 2,7-Liter-Motor des Carrera RS zum Einsatz gekommen; dazu war das Fünfganggetriebe Typ 915 vorgesehen.

Der eingespritzte 2,4-Liter-Boxer hätte den 916 in sieben Sekunden auf 100 km/h sprinten lassen und bis zu 230 km/h schnell gemacht – der Carrera-Motor wäre für knapp 240 km/h gut gewesen. Die Abgasnormen wären kein Hindernis gewesen, da Porsche für den 916 mit der kleineren Maschine bereits die Zulassung hatte.

Die Karosserie zeigte sich auffällig und aggressiv. Spezielle, farblich abgestimmte Glasfiber-Stoßstangen und Kotflügelverbreiterungen mit passenden Glasfiber-Schwellern (wie am 914/6 GT) stachen ins Auge. In der vorderen Stoßstange saßen Zusatzscheinwerfer, eine Öffnung für den Ölkühler (wie am 914/8) war ebenso vorhanden wie ein Frontspoiler. Das schmucklos gehaltene, nicht minder spezielle Gegenstück am Heck enthielt eine Öffnung für das Auspuffendrohr und eine Aussparung für das Num-

mernschild. Das Stahldach war mit der Karosserie verschweißt, um die Steifheit des Aufbaus zu erhöhen, ebenso war der Wagenboden verstärkt. Der Grill über dem Motor wurde vergrößert, was die Thermik verbesserte.

Vorne wie hinten fanden sich 7 J x 15 große Fuchs-Felgen mit Reifen der Dimension 185/70 VR 15, die Spurweiten wurden mittels Distanzscheiben verbreitert. Stabilisatoren vorne und hinten, Bilstein-Stoßdämpfer und innenbelüftete Bremsscheiben vom 911S sollten die Performance bändigen.

Der luxuriöse Innenraum erfreute mit reichlicher Verwendung von Leder. Die Position des Klima-Kompressors, die den Ingenieuren wohl einiges Kopfzerbrechen bereitet hatte, schränkte den Verstellbereich des Fahrersitzes ein. Ein innovatives Detail, über das nur der 916 verfügte, war die in die Frontscheibe integrierte Radioantenne.

Ein 914/6 GT als Streckenpatrouille beim 1000-Kilometer-Rennen auf dem Nürburgring 1970. Später wurde das Fahrzeug zur damals schnellsten Feuerwehr der Welt umgebaut – viele Fahrer am Ring sollten dafür noch dankbar sein.

Das neue Modell hätte im Oktober 1971 auf dem Pariser Salon vorgestellt werden sollen. Zwei Wochen vor der Eröffnung des Salons wurde das Projekt aber eingestellt, nachdem nur ein aus dem 914/6 entwickelter Prototyp (Fahrgestellnummer 9141430195) und zehn Vorserienexemplare (Fahrgestellnummern von 9142330011 bis 9142330020) produziert worden waren. Sechs davon blieben im Werk, die übrigen fünf wurden an verdiente Freunde des Hauses verkauft.

Road & Track konstatierte: „Wegen des schwachen Dollars, dem hiesigen Sonderzoll auf Importautos und den bei einer Kleinserie höheren Fertigungskosten kam Porsche zu der Ansicht, dass der potenzielle Markt für den 916 zu klein war."

Der Preis stellte in der Tat das Hauptproblem dar, denn seit der Freigabe des Dollarkurses war die Mark stetig im Wert gestiegen. *Autocar* bemerkte, dass „der Entwurf zur Prüfung an Porsches Finanzabteilung ging und schlicht und ergreifend abgelehnt wurde." Mit etwa 15.000 Dollar hätte der 916 um fast 5000 Dollar über dem teu-

ersten 911 rangiert, so dass die Finanzexperten wohl recht hatten.

Road & Track beendete den Artikel vom Februar 1972 so: „Praktisch gesehen, war Porsches Entschluss, den 916 nicht zu bringen wohl richtig. Aber der 916 ist ein technisches Juwel und es ließe sich nur wünschen, dass die Kunden, die 15.000 Dollar für ein Auto erübrigen können, die Chance erhalten hätten, ihn zu kaufen."

Mike McCarthy hatte das Glück, 1982 einen 916 mit dem 2,7-Liter-Motor für *Classic & Sportscar* testen zu dürfen. Zur Leistung des Autos hielt er fest: „Wer den großartigen Sechszylinder-Boxer ausdreht, findet sich schlagartig am Rande des Horizonts wieder, ist schon da, bevor er angekommen ist. Unter etwa 3500 Touren ist man nur schnell unterwegs, aber dann kommt der Motor richtig, an die Stelle des einzigartigen Fauchens tritt ein erregendes, markerschütterndes Grollen und schlagartig befindet man sich in sehr verbotenen Temporegionen – wir kamen mit Leichtigkeit auf 200 Kilometer... Die Beschleunigung ist, mit einem Wort, brutal." Er schloss: „Vor allem

diese besondere Kombination aus Optik und Kraft machen den 916 zu etwas ganz Besonderem: ohne Zweifel wäre er ein echter Dino-Jäger gewesen!"

Weitere Details zu diesem faszinierenden Modell, wie die Fahrgestellnummern, verwendete Motoren und Lackierungen finden sich im Anhang.

Andere Sondermodelle

Modifizierte 914er sind immer noch beliebt, insbesondere in den USA. Eine kalifornische Firma, Beach Boys Racing, bietet Bausätze an, mit denen sich der 914 zum Speedster oder Pick-Up umbauen lässt. Corsair Cars lieferte früher einen Buggy und einen Umbausatz in kalifornischem Stil. Mehrere andere Firmen bieten ähnliche Bausätze an, in der Mehrzahl für elegante und praktische Speedster-Ausführungen.

Auch in Europa gibt es eine Anzahl von Spezialisten, die Umbausätze und Zubehörteile anbieten, wie zum Beispiel Lenner in Deutschland, doch in der Fanszene dürfte wohl der Einbau stärkerer Motoren die größte Rolle spielen.

In Amerika gibt es derzeit mindestens fünf Firmen, die Komponenten, oder ganze Einbausätze, anbieten, um den 914 mit einem Sechszylinder aus der 911-Reihe ausrüsten zu können. Obwohl diese Umbauten in den USA zunehmend beliebter werden, befasst sich dieses Buch nur mit den zu Lebzeiten des 914 entstandenen Sondermodellen.

Anfang der siebziger Jahre verkaufte Rod Simpson Hybrids in West Los Angeles 914er mit Small-Block-V8-Motoren von Chevrolet. Simpson hatte sich bereits mit ähnlichen Umbauten am 912 einen Namen gemacht, doch der 914 war für solche Aktionen wesentlich besser geeignet. Ein getunter 4,6-Liter-V8 wurde in den Motorraum gepresst; diese Autos erreichten 100 km/h in 6,3 Sekunden und kosteten etwa 7500 Dollar.

Eine der interessanteren Umbauten ging auf einen Schweizer Kunden zu-

Ital Designs Entwurf für den Karmann Cheetah. Das fertige Auto stand 1971 in Genf, ging aber nicht in Serie.

rück, der sich von Franco Sbarro (dem früheren Rennmechaniker, der später durch Kleinserienmodelle auf sich aufmerksam machte) einen Wankelmotor aus dem NSU Ro 80 in seinen 914 verpflanzen ließ. auto *motor und sport* fuhr dieses Auto 1971 und hielt es für „eine Freude, diesen Wagen zu bewegen". Leider verstand das Volkswagenwerk diesen Wink mit dem Zaunpfahl nicht und der Wankel-914 blieb ein Einzelstück.

Die zweifelhafte Ehre, das verrückteste Ding auf einem 914-Chassis gedreht zu haben, kommt wohl einem deutschen Händler zu, der 1972 auf eine 914/6-Plattform eine Käfer-Karosserie und einen 2,7 Liter-Motor aus dem Carrera setzte. Ein sehr schneller und Aufsehen erregender Wagen!

Der 914 stellte sich auch in den Dienst des Staates. Seit Mitte der fünfziger Jahre fuhr die Polizei auch Porsche. Die

deutsche und die holländische Polizei hatten je einige wenige 914 mit Vier- und auch Sechszylinder im Fuhrpark, daneben auch 911er.

Beim 1000-Kilometer-Rennen auf dem Nürburgring im Mai 1970 sah man den 914/6 GT, der zuvor im Training der Rallye Monte Carlo gelaufen war, als Streckenpatrouille mit Funkgerät. Später wurde dieses 225 km/h schnelle Auto zur schnellsten Feuerwehr der Welt umgerüstet; 220 PS brachten den 914 in Windeseile an jeden (Unfall-)Ort am endlos langen Nürburgring.

VW Karmann Cheetah

Die Zusammenarbeit zwischen Giugiaro und Karmann nahm ihren Anfang im Jahre 1969, als die italienische Firma beauftragt wurde, den VW Scirocco zu stylen (der auf dem Genfer Salon 1974 herauskam). Zugleich bat Karmann Italdesign um die

Realisierung eines Roadster-Prototyps auf Basis des VW 1600.

Das Ergebnis ist, zumindest in den Augen des Autors, faszinierend. Hier war ein Auto, das sehr viel vom 914 hatte – beim Prototyp saß der Motor im Heck, aber auch eine Mittelmotorversion wäre leicht machbar gewesen – aber hochmodern aussah und über ein Design verfügte, das ohne Zweifel würdevoller gealtert wäre.

Der Cheetah wurde 1971 auf dem Genfer Salon gezeigt und hätte sich ganz gewiss den größeren Dimensionen des 914 anpassen lassen, ohne dabei die delikate Harmonie seiner Proportionen zu verlieren. Der Entwurf hätte alle Kriterien erfüllt, die das Werk zu Beginn des Projektes 914 ins Lastenheft geschrieben hatte. Leider blieb er ein Einzelstück. Wo doch der Tapiro den Stuttgarten zu extrem war, hätten sie nicht stattdessen diesen Entwurf übernehmen können?

7

Nach dem 914

Abschließende Gedanken

Der VW-Porsche 914 wird oft als Katastrophe für Porsche und für VW betrachtet, aber dies greift nur, wenn man als Messlatte die üblichen VW-Produktionszahlen oder den erzielten Gewinn anlegt. Man muss stattdessen daran erinnern, dass die Gesamtzahl aller hergestellten Porsche 356 bei 76.500 Einheiten lag oder der Jaguar E nach 72.500 Exemplaren auslief. Ein fairerer und wohl auch passenderer Vergleich: vom 914 liefen wesentlich mehr Exemplare vom Band als von den Mittelmotorautos der Firmen Matra, Lotus und Lancia zusammen.

Obwohl also fast 120.000 verkaufte Einheiten alles andere als einen Misserfolg darstellen, war der 914 aus einer Reihe von Gründen zu keinem Zeitpunkt so erfolgreich wie geplant. Das größte Problem war wohl die allgemeine Verwirrung hinsichtlich der Identität des Autos (oder das Fehlen einer starken Markenidentität auf den meisten Märkten). Unter nicht unbeträchtlichen Anstrengungen hatte Porsche sich endlich vom VW-Image frei gemacht; das Letzte, was die meisten Porschefahrer sich wünschten, war, ständig an die niedrigen Ursprünge ihres Lieblings erinnert zu werden. Andererseits fanden die VW-Kunden das Design des 914 schwer zu schlucken, und für das Geld, das ein Vierzylinder-914 kostete, ließen sich beinahe zwei Käfer 1500 erwerben; auch der Karmann-Ghia war wesentlich preiswerter.

Ferry Porsche sagte einmal vom 914: „Es gab zwei ungünstige Faktoren: alle 914-Karosserien wurden bei Karmann gebaut und entsprachen deshalb nicht unbedingt der Porsche-Qualität. Das war ein Handikap. Der zweite Grund: auch der günstige 914 mit VW-Motor hieß VW-Porsche, was es den Kunden nicht gerade einfacher machte, ihn als echten Porsche zu akzeptieren. Drittens lässt sich sagen, dass die Verwendung erst eines Vierzylinders und dann auch eines Sechszylinders zu einem nicht gerade glücklichen Konzept führte...hinter den Sitzen war nicht einmal Raum genug für eine Aktentasche."

Tatsächlich hatte Ferry Porsche die Verwendung zweier unterschiedlicher Heckpartien vorgeschlagen (eine für den VW-Vierzylinder, die andere für die Version mit Porsche-Motor), um den Innenraum geräumiger zu gestalten. Wegen zu hoher Produktionskosten kam es nicht dazu, womit bereits ein weiteres Problem genannt ist, dem sich die beiden Hersteller ausgesetzt sahen.

Man hat bei mehr als einer Gelegenheit gesagt, dass der 914 wohl von Anbeginn an zum Scheitern verurteilt gewesen sei. Im Prospekt des Jahres 1970 hieß es: „VW und Porsche präsentieren den kompromisslosen Sportwagen." Trotz allem, was die Werbung behauptete: es gab Kompromisse, und zwar nicht wenige, um zu vielen Anforderungen seitens der beiden Hersteller gerecht zu werden.

Der angesehene britische Autor L.J.K. Setright legte seine Ansichten zum Thema 914 vor einigen Jahren in Classic Cars dar: „Profitmacherei seitens der Händler und die Dünkelhaftigkeit der Kunden brachten den 914/6 ums Leben – dennoch war er der einzige Porsche, welcher der Kundschaft die Vorzüge bot, die der Marke ihren phänomenalen Sporterfolg eingebracht hatten; und diese Erfolge waren das Fundament, auf dem die Firma ruhte."

Auch die frühen Testberichte waren wenig hilfreich. Liest man manche dieser Berichte, wundert man sich, dass überhaupt 914er verkauft wurden – nach Ansicht der zeitgenössischen Presse war das Auto überteuert, lief nicht besonders gut, war nicht gerade hübsch und auch die Qualität der ersten Exemplare ließ zu wünschen übrig.

Ein Jahrzehnt vor dem 914 hatte Daimler versucht, den SP 250 nach Amerika zu bringen; auch dieses Auto kämpfte gegen viele Hindernisse, aber wenigstens lagen die Fahrleistungen auf einem für die Zeit hohen Niveau. Am Ende passte aber der Name Daimler nicht zu einem Sportwagen, und in fünf Jahren wurden gerade einmal 1000 Exemplare in den USA abgesetzt. Trotz seiner exzellenten Straßenlage muss man sich fragen, wie viele 914er in Amerika verkauft worden wären, wenn das Auto nicht auf den Namen Porsche gehört hätte – vielleicht sollte man, dies bedenkend, die Verkaufsziffern des 914 mit Erleichterung zur Kenntnis nehmen...

Auch waren die frühen siebziger Jahre eine Zeit ungünstiger Rahmenbedingungen. Die Bauzeit des 914 fiel mit einer Phase politischer Unruhe in Deutschland zusammen, die Schlagzeilen wurden von den Aktivitäten der

Baader-Meinhoff-Gruppe und etwa dem Attentat bei den Olympischen Spielen in München dominiert. Erst als Helmut Schmidt 1974 Kanzler wurde, stabilisierte sich die Lage, trotz der Ölkrise und ihrer Folgen, wieder.

Was auch immer die Gründe für den enttäuschenden Absatz waren, dem 914 war, gemessen an den üblichen Porsche- und VW-Maßstäben, ein nur kurzes Leben beschieden. Karmann baute die letzten Exemplare Anfang 1976, der Abverkauf lief bis Juni.

Der 912E

Ironischerweise wurde der 912, den zu ersetzen der 914 angetreten war, für das Modelljahr 1976 kurzzeitig wieder in Porsches USA-Programm aufgenommen und lief parallel zu den letzten 2-Liter-914 vom Band, bis die Herstellung des völlig neuen 924 auf Touren kam.

Der 912E überbrückte für die Händler die Zeitspanne vom Abgang des 914 bis zum Erscheinen des neuen 924. Wie *Road & Track* bemerkte, „wird der 912E natürlich vor allem den Kunden gefallen, die sich einen etwas praktischeren und zivileren Porsche wünschen. Er bietet fast alle Tugenden, wie sie der teurere 911S besitzt, aber sein einfacher konstruierter Stoßstangen-Vierzylinder verbraucht weniger und ist billiger im Unterhalt als der Sechszylinder des 911."

Den Antrieb besorgte der Motor vom Typ 923/02, der im wesentlichen der Ausführung des 914-2.0 entsprach (also von VW kam), aber über die L-Je-

tronic-Einspritzung der 1,8-Liter-Maschine verfügte. Selbst mit nur 86 PS waren die Fahrleistungen respektabel – *Road & Track* maß eine Spitze von 185 km/h und 11,5 Sekunden für den Sprint auf 100 km/h.

Die Technik war im Interesse geringer Herstellungskosten einfacher gehalten (so verzichtete man auf einen hinteren Stabilisator und verwendete keine innenbelüfteten Bremsscheiben), auch war der Innenraum einfacher ausgestattet. Äußerlich war ein 912E vom 911S kaum zu unterscheiden, besonders wenn die aufpreispflichtigen Fuchs-Felgen geordert wurden.

Trotz der kurzen Produktionszeit lassen die Fahrgestellnummern (von 9126000001 bis 9126002099) darauf schließen, dass 2099 Stück vom 912E gebaut wurden, alle dem Modelljahr 1976 zugehörig und alle für Amerika bestimmt. Dort kostete das Auto 10.845 Dollar, genau 3000 Dollar weniger als ein 911S Coupé, aber auch 3600 Dollar mehr als der 914-2.0. Inzwischen hatte Porsche in Europa bereits ein völlig neues Modell vorgestellt.

Der 924

Beim 924 handelte es sich eigentlich um einen für VW durchgeführten Entwicklungsauftrag (EA 425). Bereits kurz nach Einführung des 914 machte sich VW Gedanken um dessen konventioneller ausgelegten Nachfolger, und das Ergebnis war der 924.

In letzter Sekunde, als bereits die Vorserie anlief, stornierte Volkswagen

Der erste 924-Prototyp. Noch nicht endgültig sind das wuchtige Heck und die Schlitze unter der großen Glasheckklappe, die schon in diesem frühen Stadium das Design prägte.

dann das Projekt. Wegen der allgemeinen Lage und der Ölkrise besann man sich bei VW darauf, dass der 924 in der Herstellung zu teuer sei. Man gab Porsche die Gelegenheit, den Entwurf zurückzukaufen und selbst herzustellen, was die Stuttgarter mit Freuden taten.

Der 924 war genau, was Porsche im rauen wirtschaftlichen Klima Mitte der siebziger Jahre brauchte. Die Produktion war beträchtlich gesunken: 1975 baute Porsche nur noch 9424 Autos. Dank der Einführung des preiswerten 924 im November 1975 sollte die Zahl bald wieder steigen. Endlich verfügte Porsche über das Einstiegsmodell, das der 914 hätte sein sollen.

Bei der Konstruktion des 924 brach Porsche mit seiner bisherigen Praxis. Zum Einbau kam ein wassergekühlter Vierzylinder-Frontmotor, der Antrieb erfolgte nach dem Transaxle-Prinzip auf die Hinterräder (dabei ist das Getriebe mit der Hinterachse verblockt). Mit obenliegender Nockenwelle und K-Jetronic leistete die Maschine 125 PS, war sehr sparsam und verlieh dem Auto eine Spitze von 200 km/h.

Der elegante Karosserie-Entwurf stammte aus der Feder des Holländers Harm Lagaay, der unter Designchef Tony Lapine arbeitete. Ein keilförmiges 2+2-Coupé von sanften Rundungen und mit großer Glas-Heckscheibe, das noch heute mit seinen feinen Details überraschend modern wirkt.

Da der 924 ja ursprünglich das VW/Audi-Programm hätte zieren sollen, stammten viele Teile aus dem Konzernregal (darunter der Motorblock, Fahrwerkskomponenten und zahlreiche Teile der Innenausstattung) und wurden auch im ehemaligen NSU-Werk hergestellt.

Ab Modelljahr 1977 war der 924 auch in den USA lieferbar, wo er den 912E ersetzte. Mit 9395 Dollar kostete er gut 4600 Dollar weniger als ein 911S Coupé und über 1000 Dollar weniger als sein kurzlebiger Vorgänger. Vom Start weg entwickelte sich der 924 zum Renner, und stellte 13.500 der insgesamt 20.000 Autos, die Porsche in Amerika in jenem Jahr verkaufte.

Für das Modelljahr 1978 gab es ein aufpreispflichtiges, von Porsche entwickeltes Fünfganggetriebe sowie Modifikationen an Hinterachse und Auspuff. In einem englischen Test vom November 1977 hieß es: „Die Änderungen am 924 mit Frontmotor sind sowohl technischer als auch optischer Natur. Die 78er-Modelle laufen leiser, die Bremsbeläge sind langlebiger und für England kommen Stabilisatoren vorne und hinten zum Einsatz; innen gibt es jetzt Veloursteppiche und mit Stoff bezogene Rücksitze. Der 924 kostet nun 7350 Pfund, der 924 Lux inklusive einiger Extras – Sporträder, getönte Scheiben, Heckscheibenwischer und Scheinwerfer-Reinigungsanlage – kommt auf 7800 Pfund." Am 24. April 1978 lief der fünfzigtausendste 924 vom Band.

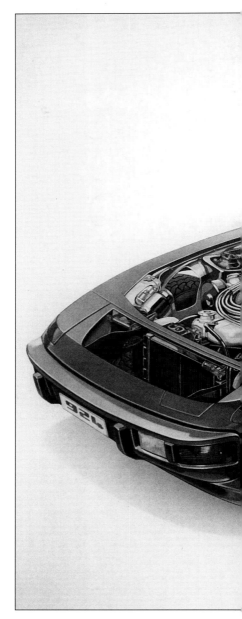

Schnittzeichnung des 924. Deutlich sichtbar das hinten angeordnete Getriebe, Scheibenbremsen vorne, Trommeln hinten und ein dem 911 ähnliches Fahrwerk.

Die Klappscheinwerfer übernahm der 924 vom 914.

Der Innenraum des 924 mit Schaltgetriebe – auf Wunsch gab es auch eine Dreigang-Automatik. Ab Modelljahr 1978 ließen sich gegen Aufpreis elektrische Fensterheber und Fünfganggetriebe bestellen.

Der 924 wurde ständig weiterentwickelt, und im November 1978 feierte eine 170 PS starke Version mit Turbolader ihr Debüt, der ein Jahr später der Carrera GT mit Leichtbauteilen und mehr Leistung folgte. Das Jahr 1981 sah das hunderttausendste Exemplar, was

Das saubere Design des 924 wirkt immer noch modern. Die Gummileisten an den Flanken hatte man dem 924 bald nach Produktionsstart spendiert, doch die Alufelgen kosteten Aufpreis.

Die 911-Familie des Modelljahres 1976. Von links nach rechts: Carrera Targa (drei Liter), 911 Coupé 2,7 Liter (der 912E sah praktisch identisch aus) und der mächtige Porsche Turbo mit 260 PS.

den 924 zu einem der erfolgreichsten Porsche-Modelle machte.

In der Oldtimer-Presse erhielt der 924 in letzter Zeit häufig gute Noten. Martin Buckley war in *Classic & Sportscar* des Lobes voll: „Dank ausgeglichener Gewichtsverteilung bietet der 924 eine exzellente Straßenlage, die jenseits des Limits wundervoll lange Drifts erlaubt. Im Normalfall liegt der 924 neutral mit präziser, feinfühliger und leichtgängiger Lenkung – ganz ähnlich wie im 911 – und geringer Seitenneigung. Sehr viel Spaß fürs Geld."

Die Autos halten auch lange. Der Autor besitzt ein 78er-Modell mit immer noch sehr guter Karosserie, und trotz einer Laufleistung von 240.000 Kilometern zeigt sich der Öldruck wie neu; der Wartungsaufwand ist gering. Ein leicht abgenutzter Fahrersitz ist das einzige Detail, das das Alter des Wagens verrät. Obwohl der 924 sich nicht ganz so aufregend fährt wie die Alfetta GTV, die ich lange Jahre besaß, ist er doch in vielerlei Hinsicht erfrischend anders.

Die zeitgenössischen 911

Der Sechszylinder im 911 wurde laufend vergrößert: auf 2,2 Liter für das Modelljahr 1970, auf 2,4 Liter für 1972 und auf 2,7 Liter für die 74er-Modelle – der Carrera erhielt zeitgleich einen Dreilitermotor. Der legendäre 911 Turbo erschien im Jahr darauf und eroberte die Welt im Sturm dank seinen unglaublichen Fahrleistungen. Der Turbo war nicht nur der schnellste damals gebaute Porsche, sondern auch der mit Abstand teuerste – beinahe doppelt so teuer wie das 911S Coupé.

Im Modelljahr 1976 erhielt der 2,7-Liter für die europäischen Märkte eine Leistungsspritze, für 1978 bekamen alle normal beatmeten Modelle einen Dreiliter-Motor. Der Turbo hingegen hatte jetzt 3,3 Liter und satte 300 PS. Das 911-Modellangebot schrumpfte, um für einen weiteren neuen Porsche Platz zu machen – den 928.

928 und 944

Der im Februar 1977 präsentierte 928 zeigte sich konzeptionell mit dem 924 verwandt, verfügte doch auch er über einen wassergekühlten Frontmotor und, im Interesse einer guten Gewichtsverteilung, ein an der Hinterachse liegendes Getriebe. Beim Motor handelte es sich hier allerdings um ei-

nen 4,5 Liter großen V8, der traditionelle Jaguar- und Mercedes-Kunden zu Porsche locken sollte.

Die Arbeit am 928 hatte tatsächlich schon vor der Entwicklung des 924 begonnen; es gab Überlegungen, den Achtzylinder zum Nachfolger des 911 zu machen. Als das Projekt 924 aber an Porsche fiel und die Entwicklung eines preiswerten Modells Vorrang erhielt, zog man die Arbeit an dem kleineren Modell vor.

Der 928 als Luxus-GT war keineswegs billig. In den USA, seinem wichtigsten Markt, kostete er zu Beginn 28.500 Dollar. Zur gleichen Zeit waren für den 924 11.995 und für ein 911SC Coupé 19.500 Dollar zu bezahlen. Nur der 911 Turbo war teurer. Im August 1979 erschien der 250 km/h schnelle 928S mit 4,7 Litern und 300 PS.

Der Abstand zwischen 924 und 928 verringerte sich, als für das Modelljahr 1982 der 944 mit 2,5 Liter großem Vierzylinder herauskam. Technisch und optisch eng mit dem 924 verwandt, fanden sich am 944 weniger VW-/Audi-Teile und die Fahrleistungen waren wesentlich besser. Vier Jahre später stellte Porsche eine Turbova-

137

Den Porsche 944 trieb ein 2,5 Liter großer Vierzylinder an (in dieser Klasse waren eigentlich Sechszylinder üblich). Seine Karosserie hatte er vom 924, die Kotflügel waren verbreitert.

Nach dem 914 brachte Porsche erst Mitte der neunziger Jahre wieder einen Mittel-motor-Seriensportwagen. Auch er wurde teurer als erhofft, doch führte er Porsche sicher ins einundzwanzigste Jahrhundert. Hier ein 97er-Modell.

riante vor, die 245 km/h erreichte.

Diese neue Porsche-Generation war außerordentlich erfolgreich; etwa zur gleichen Zeit errang Porsche viele Siege bei Langstreckenrennen. Ab 1983 stieg man auch wieder in die Formel 1 ein und belieferte McLaren mit Motoren – zum Glück mit weit mehr Erfolg als beim ersten Engagement in der Königsklasse in den sechziger Jahren.

Der 928 mit V8-Motor war Porsches Antwort auf Jaguar XJ-S und Mercedes SL/SLC – ein echter Gran Turismo.

8

RESTAURIERUNG UND KAUF

Die Probleme, die heute an 914-Modellen auftreten, entsprechen im Großen und Ganzen denjenigen, die das Auto auch schon während seiner Produktionszeit plagten. Zum Glück wurden die meisten davon im Rahmen der Modellpflege beseitigt, sodass die späteren Exemplare, aus Gründen, die im Einzelnen noch erläutert werden, vorzuziehen sind. 25 Jahre nach Produktionsende muss natürlich das besondere Augenmerk des Käufers dem Rost gelten.

Karosserie

Der 914 rostet, im Gegensatz zu seinem Nachfolger, der sich als vergleichsweise korrosionsresistent erwiesen hat, sehr gerne. Dass Karosseriebleche im Bedarfsfall häufig ausgebeult wurden, macht die Sache nicht besser, und Ersatzbleche sind teuer. Allerdings rostet der 914 bestimmt nicht in überdurchschnittlichem Maß und sicherlich weniger als etwa zeitgenössische italienische Autos.

Wie bei allen älteren Autos müssen Türunterkanten und Schweller genau in Augenschein genommen werden (Türen kann man nachkaufen, sind aber ausgesprochen teuer). Die Inspektion verlangt eigentlich die Entfernung der Schwellerabdeckungen auf beiden Seiten, doch auch eine Prüfung der Schwellerränder ergibt bereits Hinweise auf den Zustand. Nach Anheben der Teppichböden lassen sich die Schweller von innen begutachten. Die Schwellerblenden waren immer in Mattschwarz gehalten (außer am Limited Edition) und sollten stets, wenn es sich nicht um einen 914 mit dem M471-Paket oder gar einen echten GT oder 916 handelt, aus Blech und nicht aus Fiberglas bestehen.

Gerne findet sich am 914 auch Gammel im Motorraum. Insbesondere der Batteriekasten rostet rasch und gründlich, vor allem bei frühen Modellen, die entweder gar keine oder eine zu klein dimensionierte Abdeckung besaßen (spätere Exemplare hatten eine hinreichend große).

Exzessiver Rost um den Batteriekasten führt oft dazu, dass die Aufnahme der Hinterachse bricht und das rechte Hinterrad ins Radhaus verschwindet – eine Katastrophe. Während sich andere Karosserieprobleme mit einem gewissen Aufwand beseitigen lassen, sollte man sich in diesem Fall für die günstigste Lösung entscheiden, nämlich den Kauf eines Teileträgers. Vierzylinder-Varianten sind in diesem Punkt nicht so anfällig, da sie unter dem Lüftungsgitter eine Wanne besitzen, die den meisten Regen vom Eindringen abhält.

Front- und Heckpartie sollten auch genau untersucht werden. In die Hohlräume wurde Schaum gesprüht, um den Rost abzuhalten, aber leider verkehrte sich die Wirkung dieser Maßnahme in ihr Gegenteil. Der Schaum hält das Wasser und fördert damit den Rostbefall – nicht nur VW-Porsche erkannte das zu spät. Auch um die Aufnahme des Drehstabes findet man häufig Korrosion.

Die Teile hinter der Frontstoßstange neigen ebenso zu Rost, bisweilen finden sich auch kleine Rostflecken im Bereich vor der Windschutzscheibe und beide Kofferräume sollten inspiziert werden,

Prüfen Sie Front und Heck auf Rost, ebenso die Region um die Scheinwerfergehäuse, Stoßstangenaufnahmen und und und... am besten überall. Leider sind die 914 für Rostbefall berüchtigt...

speziell deren Böden. Die Fronthaube zeigt gerne Rost an der Hinterkante und um das Schloss herum. Prüfen Sie auch die Scharniere der hinteren Haube.

Kotflügel, Bodenwanne, Scheinwerferhöhlen und Türausschnitte rosten gerne und sollten gründlich auf Spuren früherer Reparaturen geprüft werden. Das Targadach hat die lästige Angewohnheit, Quietschgeräusche von sich zu geben, wenn sich die Karosserie verwindet. Das lässt sich normalerweise mit einer großzügigen Dosis von Silikonspray kurieren. Leider neigt das Dach auch zu Undichtigkeiten und die hinteren Halteclips gehen gern kaputt. Denken Sie auch daran, dass nur der 914/6 den Unterbodenschutz serienmäßig aufwies; bei den Vierzylindern gab es ihn nur gegen Aufpreis.

Die Fahrgestellnummer findet sich im Frontkofferraum, entweder in das rechte Radhaus geprägt, oder auf einer Plakette am rechten Scheinwerfergehäuse (bis Modelljahr 1974), oder auch auf einer Plakette am vorderen Trennschott (ab Modelljahr 1975). US-914er tragen die Fahrgestellnummer auch auf einer kleinen Tafel an der linken A-Säule. Die Identifizierungsnummern des Karosserieherstellers samt Angaben zur Lackierung finden sich auf einer Plakette am linken vorderen Türausschnitt.

Äußere Zierteile

Obwohl der Kunstlederbezug der B-Säulen gut aussieht, findet sich hinter den Aluleisten am Fuß der Säulen oft Rost, wenn Wasser eingedrungen ist. Ein Schnelltest besteht darin, mit dem Finger über das Kunstleder knapp oberhalb der Leisten zu streichen, um festzustellen, ob das Metall unter dem Vinyl glatt ist, wie es sein soll, oder durch Rostblasen aufgeraut. Eine fachmännische Reparatur kostet viel Geld.

Zeitgenössische Klagen vieler Besitzer betrafen das Gebiet der Karosserie. *Road & Track* erläuterte diesen etwas vage gehaltenen Begriff wie folgt: „Der Sammelbegriff Karosserie umfasst viele Dinge, und am 914 gibt es Einiges auszusetzen. Größere Komplikationen traten nicht auf, aber Verarbeitungsmängel in den Details. Tür- und Kofferraumschlösser saßen fest, Stoßstangenhörner und Türgriffe fielen ab und die Scheinwerfer ließen sich nicht ausfahren. Viele Besitzer beschwerten sich über das dünne Blech. Obwohl dünne Bleche ein Auto leichter machen, sind die langen, planen Karosseriebleche des 914 sehr sensibel, wenn man in engen Parklücken steht."

Es gab eine Vielzahl von verschiedenen Stoßstangen- und Scheinwerferarrangements, je nach Markt, und unterschiedliche Embleme und Modellschriftzüge – siehe Text. Die meisten Teile lassen sich ohne Weiteres beim Spezialisten kaufen, und die Fangemeinde des 914 ist mittlerweile so gewachsen, dass vergriffene Teile zunehmend nachgefertigt werden.

Motor

Für einen Mittelmotorwagen lässt sich der Motor recht gut erreichen, obwohl der Zugang sich natürlich nicht so einfach gestaltet wie bei einem Auto mit Front- oder Heckmotor. Im Allge-

Originalität zählt bei jedem Sammlerauto. Hier ein US-914/4 des Modelljahres 1973.

meinen werden die Vierzylinder dem hervorragenden VW-Ruf gerecht und die meisten Teile der 1,7- und 1,8-Liter-Motoren sind mit ihren Gegenstücken im 411/412 identisch. Dagegen passen nur wenige Teile von den 411/412-Maschinen in den Zweiliter, den es nur im 914 und im VW-Transporter gab.

Zu den wenigen Problemen der VW-Triebwerke zählen, wie bei allen luftgekühlten VW-Motoren, nicht nur denen im 914, Ventilschäden. Üblicherweise führen diese zu einem durchstoßenen Kolben.

Zeitgenössische Berichte belegen,

Die Türgriffe an allen Modellen neigen zu Ermüdungserscheinungen. Leider kamen damals oft im Interesse geringerer Herstellungskosten billigere Materialien zum Einsatz.

dass der Anlasser bei heißem Motor eine stete Quelle des Ärgers darstellte. *Road & Track* nannte auch Probleme mit dem Zündverteiler und den Bosch-Zündkerzen. Diese lassen sich am Besten durch die Verwendung von NGK-Kerzen heilen.

Die Einspritzanlage der Vierzylinder ist durchaus robust, eine Reparatur, wenn sie denn nötig wird, kann aber – wie bei allen Einspritzungen – teuer kommen. Manche Besitzer haben ihre Autos auf Vergaser umgerüstet.

Die Gummi-Benzinleitungen, die zu den Einspritzdüsen führen, sollten einer Prüfung unterzogen werden, da sie gerne gammeln und dann mit Hochdruck Benzin in Richtung Zündverteiler spritzen. Da zeitgenössische Berichte auch die Benzinpumpe und -schläuche zu den gefährdeten Teilen rechnen, empfiehlt sich auch hier ein Check. Ab Modelljahr 1972 kam es in diesem Bereich zu Verbesserungen.

Auspuffanlagen haben ein kurzes Leben, insbesondere wenn das Auto wenig bewegt wird. Vier- und Sechszylinder verfügen natürlich über jeweils verschiedene Anlagen. Sie sind recht teuer, aber leicht zu bekommen; dennoch haben viele Besitzer einen Sportauspuff – etwa von Ansa – montiert.

Die Porsche-Sechszylinder sind sehr robust, doch lohnt es sich, den Zustand der Ventilsitze und der Kettenspanner zu prüfen. Ausgeschlagene Ventilsitze lassen sich relativ leicht durch einen Blick auf den Auspuff erkennen, denn unter Vollast oder bei hohen Drehzahlen raucht der Motor dann kräftig.

Rasselgeräusche deuten auf einen defekten Kettenspanner hin, der schleunigst erneuert werden muss – eine Reparatur kann in beiden Fällen viel Geld verschlingen. Der Öltank des 914/6 versteckt sich unter dem linken hinteren Kotflügel.

Getriebe

Das Schaltgestänge der frühen Modelle hat einen sehr schlechten Ruf, der sich erst mit der Einführung des Getriebes vom Typ 914/12 für das Modelljahr 1973 verbesserte. Es gilt aber, was ein Besitzer feststellte: „Ein wenig Feinjustierung und ein wenig Schmiermittel machte aus einer schwammigen eine sehr angenehme Schaltung."

Sehr frühe 914 (aus den Modelljahren 1970 und 1971) zeigten auch Probleme mit der Synchronisation, insbesondere des ersten und zweiten, aber auch des dritten Gangs. Die *Road & Track*-Umfrage brachte auch ans Licht, dass „dreizehn Prozent der Einsender Probleme mit dem Kupplungsseil hatten, bisweilen auch mehr als einmal. Das liegt nicht am Seil selbst, sondern an einer Rolle, die es führt. Sie sollte, laut Ansicht eines Besitzers, alle 1000 Kilometer gereinigt werden, um das Kupplungsseil zu schonen, aber das scheint uns reichlich viel verlangt."

Ein weiteres häufig auftretendes Problem ist eine Spannschraube am Achsantrieb, die sich gerne löst, was sich mit etwas Superkleber verhindern lässt. Die Antriebswellen zeigen oft Defekte, sind aber leicht erhältlich (da sie vom 911 stammen).

Radaufhängung, Lenkung, Bremsen

Fahrwerk und Lenkung zeigen keine gravierenden Schwachstellen und Teile sind für alle Versionen gut zu bekommen.

Dank des Mittelmotors liegen die 914er bei korrekt eingestelltem Fahrwerk ausgezeichnet. Als Lotus ein Exemplar testete, zeigte sich der damalige Lotus-Verkaufsleiter Graham Arnold so begeistert, dass er erwog, sich einen 914 zu kaufen. Man erinnere sich, dass der Lotus Elan in punkto Handling als das Maß aller Dinge galt; das war also wirklich ein hohes Lob.

Neben der üblichen Prüfung auf Verschleiß und schlechte Pflege sollte man bedenken, dass die hinteren Bremsbacken gerne festsitzen; dies kann ohne großen Aufwand und preisgünstig in Ordnung gebracht werden. Muss man die hintere Bremse dagegen komplett ersetzen, kann es teuer werden, da die Handbremse über einen komplizierten Mechanismus verfügt.

Ebenfalls häufig anzutreffen ist ein schleifendes oder hängenbleibendes Bremspedal, bedingt durch Rost an der Pedalanlage. Demontage und Reinigung der Anlage und die Verwendung einer neuen Dichtung schaffen Abhilfe. Die Bremsen der Vierzylinder stammen von VW, diejenigen der Sechszylinder von Porsche.

Die 914er gab es mit einer verblüffenden Vielzahl von Felgen und Reifen. Die serienmäßigen 4,5J-Stahlfelgen stammen von VW, die 5,5J-Variante gab es nur am 914. Auch die Pedrini-,

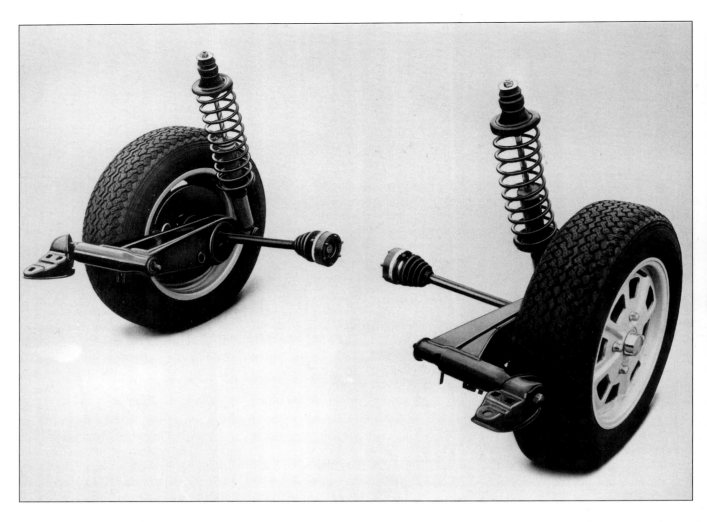

Dieses Bild illustriert Hinterachse und Antriebswellen der 73er-Modelle. Die Achsaufnahmen sollte man genau auf Rost untersuchen, besonders rechts unter dem Batteriekasten. Die Antriebswellen machten oft Probleme.

Mahle- und Fuchsfelgen waren 914-spezifisch. Am Sechszylinder gab es alle Felgen vom 911, auch die Standard-Stahlfelgen. Alle Reifengrößen sind heute noch lieferbar.

Innenraum

Der Innenraum des 914 hält im Allgemeinen dem Zahn der Zeit gut stand. Hauptproblem waren stets die Klebstoffe, die Armaturenbrett, Türverkleidungen, Dachhimmel usw. fixieren. Leider ließen diese Klebstoffe schon nach wenigen Monaten in ihrer Wir-

kung nach, was die Besitzer zwang, zu stärkeren Mitteln zu greifen.

Auch die Scheiben machten Probleme, schon als der 914 noch vom Band rollte: oft fiel der vom Käfer stammende Kurbelmechanismus aus. An den vorderen und hinteren Rändern kommt es gerne zu Undichtigkeiten, auch rutschen die Scheiben gerne aus der Führung. Die Konstruktion der Seitenscheiben wurde 1973 geändert, was die Probleme aber nicht aus der Welt schaffte.

Windschutzscheiben aus klarem Verbundglas waren am 914/6, am 914-2.0

und an allen Versionen für die USA, Kanada und Schweden serienmäßig – getönte Verbundglasscheiben gab es gegen Aufpreis. Die anderen Varianten besaßen klares Einscheibenglas, doch Verbundglas – klar oder getönt – stand in der Aufpreisliste. Die Heckscheibe gab es nie in getönter Ausführung, aber auf Wunsch mit Heizelement.

Nach kam es „zu zeitweiligen oder kompletten Ausfällen von Drehzahlmessern und Tachometern, durch Bruch der Wellen oder Versagen von Zahnrädern." Ausfälle der Anzeigeinstrumen-

144

Der Innenraum hält normalerweise dem Zahn der Zeit gut stand, obwohl bei Fahrzeugen, die in heißen Klimata gelaufen sind, Risse in Kunststoffteilen häufig auftreten. Dieser 914/6 hat die Fensterkurbeln aus dem Käfer, die gerne Defekte zeigen. Hinter den Chromleisten am Fuße der B-Säulen nistet sich gerne Rost ein, zu dessen Entfernung man am besten den gesamten Kotflügel ersetzt; dieser ist allerdings, wie sein Gegenstück vorne, verschweißt, um die Verwindungssteifigkeit der Karosserie zu erhöhen.

te gehörten zu den am häufigsten genannten Mängeln. Die Probleme mit dem Tacho hängen mit der erwähnten Schraube am Achsantrieb zusammen. Die Instrumente stammten entweder von VW oder von Porsche, je nach Motor, letztlich jedoch immer von VDO.

Heizung und Lüftung

Sehr häufig genannt wurde in der *Road & Track*-Umfrage aus dem Jahr 1974 die unzureichende Heizungs- und Belüftungsanlage. „Wie bei unserer früheren Porsche-Umfrage war auch hier die Heizung ein Schwachpunkt (13 Prozent der Befragten nannten sie als Problembereich), und im Falle des 914 kommt noch das Gebläse hinzu. Die Wirkung ist einfach zu schwach, die Anlage fällt komplett aus oder stinkt." Probleme mit der Heizung hängen oft mit defekten Wärmetauschern zusammen, welche die Heizleistung auf Null reduzieren.

Die Ersatzteillage

Da die deutsche Automobilindustrie sich verpflichtet hat, nach Auslaufen eines Modells noch zehn Jahre lang Ersatzteile herzustellen, sind heute viele Teile durchaus noch lieferbar; insbesondere für die Varianten mit VW-Motor sieht es recht gut aus.

Porsche- und VW-Händler oder auch Spezialisten sind normalerweise imstande, alle nötigen Teile zu beschaffen. Schwerer zu findende Teile lassen sich (neu oder gebraucht) zumeist bei der wachsenden Schar von 914-Spezialisten in Deutschland oder den USA aufstöbern. In dem Maße, wie häufig benötigte Originalteile ausverkauft sind, finden zunehmend Nachfertigungen Verwendung.

Die Mitgliedschaft in einem Porsche-Club bringt Vorteile mit sich, da die meisten Spezialisten in den Clubzeitschriften inserieren und Clubkollegen häufig mit Rat zur Seite stehen oder wertvolle Kontakte vermitteln können.

Der beste Kauf

Der 914 galt lange als Aschenbrödel der Porsche-Familie; der Autor kann sich noch daran erinnern, dass ihm Mitte der achtziger Jahre ein Exemplar für weniger als 2000 Mark angeboten wurde. In den letzten zehn Jahren haben die Preise massiv angezogen, sodass sie heute nur knapp unter den billigsten 911 rangieren, was noch vor kurzem völlig unvorstellbar gewesen wäre.

Da der Großteil der Produktion in die USA ging, findet sich heute dort natürlich auch die größte 914-Dichte. In Europa wird der 914 von einigen Spezialisten gehandelt, aber die meisten zum Verkauf angebotenen Exemplare stammen aus Amerika. Wie wohl manche schmerzvoll erfahren haben, lohnt es sich aber durchaus, der Versuchung zu widerstehen und Autos nicht unbesehen zu importieren.

Welches Modell soll man kaufen? Das entscheidet sich natürlich an persönlichen Vorlieben und dem Budget. Der seltene 914/6 ist teurer in der Anschaffung und im Unterhalt. Aber wem es vor allem auf den wohltönenden Klang des klassischen Porsche-Sechszylinders ankommt, der hat keine Wahl.

Wem es aber nur auf den 914 an sich ankommt, dem sei gesagt, dass der Zweiliter-Vierzylinder in Europa-Ausführung kaum langsamer ist als die Version mit Porsche-Motor; zudem ist er wesentlich häufiger anzutreffen, wird günstiger gehandelt, die Ersatzteile sind billiger und da die meisten Verbesserungen am 914 seit dem Modelljahr 1973 Einzug in die Serie fanden, ist dieses Modell wohl die beste Wahl.

ANHANG 1

TECHNISCHE DATEN

Porsche 914 (4)

Produktion (Modelljahre)	.1970-1972
Motortypen	.W80
. . . .	.EA80
Zylinder	.4
Hubraum	.1,7 Liter
Getriebetyp	.914/11
0-100 km/h	.13,5 Sekunden
Höchstgeschwindigkeit	.177 km/h
Leergewicht	.940 kg

Porsche 914/6

Produktion (Modelljahre)	.970-1972
Motortyp	.901/36
Zylinder	.6
Hubraum	.2,0 Liter
Getriebetyp	.914/01
0-100 km/h	.10,0 Sekunden
Höchstgeschwindigkeit	.201 km/h
Leergewicht	.980 kg

Porsche 914-1.7

Produktion (Modelljahre)	.1973
Motortypen	.EA80
. . . .	.EB72
Zylinder	.4
Hubraum	.1,7 Liter
Getriebetyp	.914/12
0-100 km/h	.13,5 Sekunden
Höchstgeschwindigkeit	.177 km/h
Leergewicht	.940 kg

Porsche 914-2.0

Produktion (Modelljahre)	.1973-1976
Motortypen	.GA95
. . . .	.GB100
. . . .	.GC88

```
Zylinder . . . . . . . . . . . . . . . . . . . . . . . . . .4
Hubraum . . . . . . . . . . . . . . . . . . . . . . .2,0 Liter
Getriebetyp . . . . . . . . . . . . . . . . . . . .914/12
0-100 km/h . . . . . . . . . . . . . . . . . . . .10,5 Sekunden
Höchstgeschwindigkeit . . . . . . . . . . . . . .192 km/h
Leergewicht . . . . . . . . . . . . . . . . . . . . .970 kg
```

Porsche 914-1.8

```
Produktion (Modelljahre) . . . . . . . . . . . . .1974-1975
Motortypen . . . . . . . . . . . . . . . . . . . . . .AN85
. . . . . . . . . . . . . . . . . . . . . . . . . . . . . .EC76
Zylinder . . . . . . . . . . . . . . . . . . . . . . . . . .4
Hubraum . . . . . . . . . . . . . . . . . . . . . . .1,8 Liter
Getriebetyp . . . . . . . . . . . . . . . . . . . .914/12
0-100 km/h . . . . . . . . . . . . . . . . . . . .12,0 Sekunden
Höchstgeschwindigkeit . . . . . . . . . . . . . .180 km/h
Leergewicht . . . . . . . . . . . . . . . . . . . . .970 kg
```

Alle Modelle

```
Radstand . . . . . . . . . . . . . . . . . . . . . . . .2450mm
Länge . . . . . . . . . . . . . . . . . . . . . . . . .3985mm
Breite . . . . . . . . . . . . . . . . . . . . . . . . .1650mm
Höhe . . . . . . . . . . . . . . . . . . . . . . . . . .1230mm (914/4)
. . . . . . . . . . . . . . . . . . . . . . . . . . . . .1240mm (914/6)
Spur vorne . . . . . . . . . . . . . . . . . . . . .1337mm (914/4)
. . . . . . . . . . . . . . . . . . . . . . . . . . . . .1361mm (914/6)
Spur hinten . . . . . . . . . . . . . . . . . . . .1374mm (914/4)
. . . . . . . . . . . . . . . . . . . . . . . . . . . . .1382mm (914/6)
Bodenfreiheit . . . . . . . . . . . . . . . . . . .120mm (914/4)
. . . . . . . . . . . . . . . . . . . . . . . . . . . . .128mm (914/6)
```

ANHANG 2

MOTOR-DATEN

W80

Produktion (Modelljahre)	1970-1972
Hauptmarkt	Alle
Zylinder	4
Bohrung x Hub	90 x 66 mm
Hubraum	1679 ccm
Verdichtung	8,2:1
Gemischaufbereitung	Bosch D-Jetronic
Leistung (DIN)	80 PS bei 4900/min
Drehmoment	13,6 mkg bei 3500/min

901/36

Produktion (Modelljahre)	1970-1972
Hauptmarkt	Alle
Zylinder	6
Bohrung x Hub	80 x 66 mm
Hubraum	1991 ccm
Verdichtung	8,6:1
Gemischaufbereitung	Zwei Weber-Dreifach-vergaser
Leistung (DIN)	110 PS bei 5800/min
Drehmoment	16,0 mkg bei 4200/min

EA80

Produktion (Modelljahre)	1972-1973
Hauptmarkt	Alle
Zylinder	4
Bohrung x Hub	90 x 66 mm
Hubraum	1679 ccm
Verdichtung	8,2:1
Gemischaufbereitung	Bosch D-Jetronic
Leistung (DIN)	80 PS bei 4900/min
Drehmoment	13,5 mkg bei 2700/min

EB72

Produktion (Modelljahre) 1973
Hauptmarkt . . . . .USA
Zylinder 4
Bohrung x Hub .90 x 66 mm
Hubraum . . . . .1679 ccm
Verdichtung 7,3:1
Gemischaufbereitung . . . . .Bosch D-Jetronic
Leistung (DIN) . . . . .72 PS bei 5000/min
Drehmoment . . . . .2,4 mkg bei 3700/min

GA95

Produktion (Modelljahre) 1973-1974
Hauptmarkt . . . . .USA
Zylinder 4
Bohrung x Hub .94 x 71 mm
Hubraum . . . . .1971 ccm
Verdichtung 7,6:1
Gemischaufbereitung . . . . .Bosch D-Jetronic
Leistung (DIN) . . . . .95 PS bei 4900/min
Drehmoment . . . . .14,7 mkg bei 3500/min

GB100

Produktion (Modelljahre) 1973-1975
Hauptmarkt . . . . .Europa
Zylinder 4
Bohrung x Hub .94 x 71 mm
Hubraum . . . . .1971 ccm
Verdichtung 8,0:1
Gemischaufbereitung . . . . .Bosch D-Jetronic
Leistung (DIN) . . . . .100 PS bei 5000/min
Drehmoment . . . . .16,0 mkg bei 3500/min

EC76

Produktion (Modelljahre) 1974
Hauptmarkt . . . . .USA
Zylinder 4
Bohrung x Hub .93 x 66 mm

Hubraum . . . . .1795 ccm
. . . . .Verdichtung 7,3:1
Gemischaufbereitung . . . . .Bosch L-Jetronic
Leistung (DIN) .76 PS bei 4800/min
Drehmoment . . . . .12,7 mkg bei 3400/min

AN85

Produktion (Modelljahre) 1974-1975
Hauptmarkt . . . . .Europa
Zylinder 4
Bohrung x Hub . . . . .93 x 66 mm
Hubraum . . . . .1795 ccm
Verdichtung 8,6:1
Gemischaufbereitung . . . . .2 Weber-Doppelvergaser
Leistung (DIN) .85 PS bei 5000/min
Drehmoment . . . . .13,8 mkg bei 3500/min

EC76

Produktion (Modelljahre) 1975
Hauptmarkt . . . . .USA
Zylinder 4
Bohrung x Hub . . . . .93 x 66 mm
Hubraum . . . . .1795 ccm
Verdichtung 7,3:1
Gemischaufbereitung . . . . .Bosch L-Jetronic
Leistung (DIN) .76 PS bei 4900/min
Drehmoment . . . . .12,0 mkg bei 4000/min

GC88

Produktion (Modelljahre) 1975-1976
Hauptmarkt . . . . .USA
Zylinder 4
Bohrung x Hub . . . . .94 x 71 mm
Hubraum . . . . .1971 ccm
Verdichtung 7,6:1
Gemischaufbereitung . . . . .Bosch D-Jetronic
Leistung (DIN) .88 PS bei 4900/min
Drehmoment . . . . .14,2 mkg bei 3500/min

ANHANG 3

FAHRGESTELL-
NUMMERN

Modelljahr 1970				
Modell	*Fahrgestellnummern*	*Motor*	*Hubraum*	*Stückzahl*
914/4	4702900001 - 4702913312	W80	1,7 Liter (4)	13.312
914/6	9140430011 - 9140432668	901/36	2,0 Liter (6)	2657

Modelljahr 1971				
914/4	4712900001 - 4712916231	W80	1,7 Liter (4)	16.231
914/6	9141430011 - 9141430443	901/36	2,0 Liter (6)	432

Modelljahr 1972				
914/4	4722900001 - 4722921580	W80	1,7 Liter (4)	
		EA80	1,7 Liter (4)	21.580
914/6	9142430011 - 9142430260	901/36	2,0 Liter (6)	229

Modelljahr 1973				
914-1.7	4732900001 - 4732927660	EA80	1,7 Liter (4)	
		EB72	1,7 Liter (4)	
914-2.0		GA95	2,0 Liter (4)	
		GB100	2,0 Liter (4)	27.660

Modelljahr 1974				
914-1.8	4742900001 - 4742921370	AN85	1,8 Liter (4)	
		EC76	1,8 Liter (4)	
914-2.0		GA95	2,0 Liter (4)	
		GB100	2,0 Liter (4)	21.370

Modelljahr 1975				
914-1.8	4752900001 - 4752911369	AN85	1,8 Liter (4)	
		EC76	1,8 Liter (4)	
914-2.0		GC88	2,0 Liter (4)	
		GB100	2,0 Liter (4)	11.369

Modelljahr 1976				
914-2.0	4762900001 - 5762904075	GC88	2,0 Liter (4)	4075

GESAMTPRODUKTION

914 Vierzylinder 115.597
914 Sechszylinder 3318
Summe (ohne 916 und 914/8) 118.915

ANHANG 4

916 UND 914/8

Jahr	Modell	Fahrgestellnummer	Motor	Anmerkungen
1969	914/8	914111	3 Liter (908), 300 PS	Piëch -Wagen, rot
1969	914/8	914006	3 Liter (908), 260 PS	Ferry Porsche, silber
1971	916	9142330011	2,4 Liter (911S), 190 PS	Zitronengelb
1971	916	9142330012	2,4 Liter (911S), 190 PS	Silbermetallic
1971	916	9142330013	2,7 Liter (Carrera), 210 PS	Schwarz, dann Grün
1971	916	9142330014	2,7 Liter (Carrera), 210 PS	Braunmetallic
1971	916	9142330015	2,7 Liter (Carrera), 210 PS	Silbermetallic
1971	916	9142330016	2,7 Liter (Carrera), 210 PS	Bahiarot
1971	916	9142330017	2,7 Liter (Carrera), 210 PS	Geminimetallic
1971	916	9142330018	2,7 Liter (Carrera), 210 PS	Dunkelblau
1971	916	9142330019	2,7 Liter (Carrera), 210 PS	Weiß; später 3,2 Ltr
1971	916	9142330020	2,7 Liter (Carrera), 210 PS	Silbermetallic

Anmerkung: Es gab insgesamt 11 Exemplare vom 916; der Protoyp besaß eine Chassisnummer aus der laufenden Serie (9141430195). Sonstige Einzelstücke (siehe Kapitel 6) hatten ein Serien-Fahrgestell.

GESAMTPRODUKTION

Gesamtzahl der Sondermodelle .12
Gesamtzahl aller 914 . . . . .118.927

ANHANG 5

PREISE UND EXTRAS IN AUSWAHL
(ALLE PREISE IN DM)

September 1971

914/4	12.250
914/4 mit S-Paket	12.995
914/6	19.980
Sonderlackierung lt. Liste	450
Sonderlackierung nach Wunsch	650

	914	914/6
M485 Alufelgen 5,5 Jx15 mit Reifen 165 SR 15	650	–
M485 Alufelgen 5,5 Jx15 mit Reifen 165 HR 15	–	799
M976 Chromfelgen mit Weißwandreifen 165 HR 15	–	299
M577 Gürtelreifen 165 SR 15 (wie in S-Paket)	70	–
M433 H3-Halogenscheinwerfer	28	28
M571 Nebelscheinwerfer	50	50
M570 Dritter Sitz	45	45
M166 Sicherheitsgurt für M570	50	50
M549 Dreipunkt-Sicherheitsgurte (Fahrer/Beifahrer)	111	111

Februar 1973

914-1.7	13.990
914-2.0	14.450
Komfort-Paket	650
Sport-Paket	990
Sonderlackierung laut Liste	480
Sonderlackierung nach Wunsch	750

M404 Stabilisatoren (Serie bei Sport-Paket)	300
M474 Bilstein-Stoßdämpfer	295
M485 Alufelgen 5,5 Jx15 (Serie b. Sport-Paket)	650
M220 Sperrdifferenzial (80 Prozent)	650
M102 Heizbare Heckscheibe	105
M285 Chromstoßstangen	300
M567 Getönte Verbundglas-Windschutzscheibe	220
M568 Getönte Verbundglas-Scheiben (außer Heckscheibe)	310

Mai 1974

ANHANG 6

SERIENFARBEN UND POLSTERUNGEN

Serienfarben: . . . . .Adriablau, Zitronengelb, Hellelfenbein
Signalorange, Irischgrün, Blutorange

Sonderfarben: . . . . .Coloradometallic, Grünmetallic, Blaumetallic
Silbermetallic, Geminiblau

Sitze:

Kunstleder: . . . . .Schwarz, Beige, Braun

Leder: . . . . .Schwarz, Beige, Braun

Sitz-Innenbahnen:

Kunstleder, Flechtnarbenprägung: . . . . .Schwarz, Beige, Braun

Leder, Flechtnarbenprägung: . . . . .Schwarz, Beige, Braun

Stoff Cordsamt: . . . . .Schwarz, Beige, Braun

Stoff Pepita: . . . . .Schwarz, Braun

Teppiche:

Nadelvlies: . . . . .Schwarz, Braun

Schlingenvelours: . . . . .Schwarz, Braun

Anmerkung: Beim Braun des Modelljahres 1970 handelt es sich um ein Hellbraun. Die Türverkleidungen waren in allen Modelljahren farblich passend zu den Sitzbezügen ausgeführt. Leder war nur für den Sechszylinder erhältlich.

Serienfarben: . . . . .Adriablau, Zitronengelb, Hellelfenbein, Signalorange,
. . . . .Irischgrün, Blutorange, Bahiarot, Weidengrün

Sonderfarben: . . . . .Silbermetallic, Goldmetallic, Geminiblau, Schwarz

Sitze:

Kunstleder: . . . . .Schwarz, Beige, Braun

Leder: . . . . .Schwarz, Beige, Braun

Sitz-Innenbahnen:

Kunstleder, perforiert: . . . . .Schwarz, Beige, Braun

Stoff Perloncordgewirke: . . . . .Schwarz, Beige, Braun

Teppiche:

Nadelvlies: . . . . .Grau, Beige, Braun

Schlingenvelours: . . . . .Grau, Beige, Braun

Anmerkung: Leder nur für Sechszylinder erhältlich.

Serienfarben: . . . . .Hellelfenbein, Bahiarot, Signalorange, Irischgrün
Adriablau, Blutorange, Saturngelb, Weidengrün

Sonderfarben: . . . . .Silbermetallic, Goldmetallic, Geminiblau, Schwarz

Sitze:

Kunstleder: . . . . .Schwarz, Beige, Braun

Sitz-Innenbahnen:

Kunstleder, Flechtnarbenprägung: . . . . .Schwarz, Beige, Braun

Stoff Perloncordgewirke: . . . . Schwarz, Beige, Braun

Teppiche:

Nadelfilz: . . . . .Schwarz, Beige, Braun

Schlingenvelours: . . . . .Schwarz, Beige, Braun

MODELLJAHRE 1973 UND 1974

Serienfarben: . . . . .Hellelfenbein, Bahiarot, Signalorange, Saturngelb, Ravennagrün
. . . . .Sonnengelb, Sambesigrün, Olympiablau, Phönixrot
Sonderfarben: . . . . .Schwarz, Saturngelbmetallic, Alaskablaumetallic
. . . . .Silbermetallic, Marathonblaumetallic

Sitze:
Kunstleder: . . . . .Schwarz, Beige, Braun

Sitz-Innenbahnen:
Kunstleder, Flechtnarbenprägung: .Schwarz, Beige, Braun
Stoff: . . . . .Schwarz, Beige, Braun

Teppiche:
Nadelfilz: . . . . .Schwarz, Beige, Braun
Schlingenvelours: . . . . .Schwarz, Beige, Braun

Anmerkung: Die Innenraumfarbe Braun der Modelljahre 1971 bis 1974 ist ein Mahagoni-Ton.

MODELLJAHR 1975

Serienfarben: . . . . .Sonnengelb, Berbergelb, Hellelfenbein, Malagarot
Lagunenblau, Sambesigrün, Nepalorange, Ibizarot
Sonderfarben: . . . . .Schwarz, Tobacmetallic, Anconametallic, Palmametallic
Diamant Silbermetallic

Sitze:
Kunstleder:. . . . . .Schwarz, Opal, Beige

Sitz-Innenbahnen:
Kunstleder, Flechtnarbenprägung: . . . . .Schwarz, Beige, Weiß
Stoff:. . . . . .Schwarz, Beige, Weiß
Tartan: .Grün, Schwarz/Grau, Gelb, Gelbgrün, Orange
Hellrot, Burgunderrot, Himmelblau, Matisseblau

Teppiche:
Nadelfilz:. . . . . .Schwarz, Beige, Braun
Velours:. . . . . .Schwarz, Beige

*Anmerkung: Die Innenfarbe Opal (Braun) entsprach einem hellen Braun wie 1970; die Teppichfarbe
Braun war ein Kastanienbraun.*

MODELLJAHR 1976 (NUR USA)

Serienfarben:. . . . . .Summer yellow, Lagoon blue, Light Ivory
Nepal orange, Scarlet, Malaga red
Sonderfarben: Black, Viper green metallic, Ancona metallic
Silver metallic diamond

Sitze:
Leatherette (Kunstleder): . . . . .Black, Tan, White

Sitz-Innenbahnen:
Leatherette, basketweave (Kunstleder, Flechtnarbenprägung): . . . . .Black, Tan, White
Corduroy (Stoff Cordsamt): . . . . .Black, Tan, White, Black/Grey Yellow Orange
Bright red, Burgundy red, Blue

Teppiche:
Needle loom (Nadelfilz): . . . . .Grey, Tan, Brown.
Pile-type carpet (Schlingenvelours): . . . . .Grey, Tan